RING RING RING
WIE KOMMST DU AN 'NE FESTNETZNUMMER IN CENTRAL CITY, BOSS?
SONST HÖREN EIN-FACH ZU VIELE MIT. AUFGRUND MEINER JETZI-GEN... ZWANGS-LAGE BRAUCH ICH 'NE SICHERE LEITUNG.
ALSO, WAS GEHT?
DU MUSST UNSEREM SCHNELLEN FREUND EINE NACHRICHT ÜBERBRINGEN.
VERSTANDEN?
CENTRAL CITY SOLL WISSEN, WER DAS SAGEN HAT, JA? GANZ SCHÖN KALT-BLÜTIG, BOSS.
HA.
VIEL GLÜCK BEI DER AK-TION.

NEGATIV
KAPITEL EINS
JOSHUA WILLIAMSON Story
CARMINE DI GIANDOMENICO Zeichnungen
HI-FI Farben
JÖRG FASSBENDER Übersetzung
WALPROJECT Lettering
AMEDEO TURTURRO, REBECCA TAYLOR & BRIAN CUNNINGHAM US-Redaktion
WENN DU EIN RENNEN WILLST, FLASH-- BRAUCHST NUR ZU FRAGEN!

MEIN NAME IST BARRY ALLEN, UND ICH BIN DER SCHNELLSTE MENSCH DER WELT!
ABER DAS HAT JETZT EINEN HOHEN PREIS.
EOBARD THAWNE, DER REVERSE-FLASH, HAT MICH MEIN LEBEN LANG GEQUÄLT UND VOR KURZEM EINEN NEUEN WEG GEFUNDEN, MIR WEHZUTUN... ER ZEIGTE MIR, WIE MEINE TATEN MENSCHEN, DIE MIR NAHESTEHEN, VERLETZT HABEN.
ICH BIN MEIN SCHLIMMSTER FEIND.
THAWNE WOLLTE MICH IN DER NEGATIV SPEED FORCE FESTSETZEN, ABER DAS GING SCHIEF...

… STATTDESSEN **INFIZIERTE** SIE MICH. NUN HAB ICH NEUE FÄHIGKEITEN, DIE ICH NOCH NICHT GANZ VERSTEHE. ICH MUSS **LERNEN**, DAMIT UMZUGEHEN.
ABER IN DIESEM MOMENT MUSS ICH MICH UM DIESE WILD GEWORDENEN DIEBE KÜMMERN, DIE SICH **ROAD REAPERS** NENNEN.
SIE ÜBERFALLEN **PANZERWAGEN** IN VOLLER FAHRT.
BISHER HATTEN SIE ERFOLG, WEIL SIE IMMER **UNTERWEGS** SIND UND DIE POLIZEI NICHT DIE MITTEL HAT, SIE EINZUHOLEN. SIE SIND **ZU SCHNELL**.
BANG BANG BANG BANG BANG
FRÜHER WÄRE ICH IHREN KUGELN AUSGEWICHEN ODER HÄTTE VIBRIERT, DAMIT SIE DURCH MICH DURCHGEHEN.
TSH
ABER JETZT VERWANDELN SIE SICH ZU ASCHE, BEVOR SIE MICH BERÜHREN.
TSH
TSH
TSH
TSH

BANG
BANG
BANG
BANG
BOOM
DIE SPEED FORCE HAT MICH IMMER MIT EINER AURA GESCHÜTZT, WÄHREND ICH LAUFE.
ABER DIESE NEUE AURA DER NEGATIV SPEED FORCE IST...
... UNBERECHENBAR.
ICH KRIEG DAS HIN... ICH WEISS ES.
KRAKAKA
ICH MUSS.
BOOOM
DAS IST AUCH EINE MÖGLICHKEIT, UNS AN 'NEM RAUB ZU HINDERN, FLASH!
HAHA HAHAHA HA HAHA
VROOOMM
SEID... IHR OKAY?
DEIN BLITZ HAT DEN PANZERWAGEN GESPRENGT!
ICH-- ES TUT MIR LEID... ICH HATTE KEINE AHNUNG, DASS--
DER PANZERWAGEN IST DEINE GERINGSTE SORGE, FLASH...

EINE SPUR DER VERWÜSTUNG... AUFGRUND MEINER NEUEN KRÄFTE?
ALLES MEINE SCHULD.
THAWNE HATTE RECHT. ICH RICHTE NUR UNHEIL AN.

CENTRAL CITY HAT SCHON VIEL SCHADEN DURCH KRIMINELLE GENOMMEN... UND JETZT DURCH DICH!
LASS GUT SEIN, ER BRINGT'S WIEDER IN ORDNUNG! STIMMT'S...
... FLASH?
FLASH?
ICH WÜRD CENTRAL CITY NIE ABSICHTLICH GEFÄHRDEN... ABER... WENN ICH VERSUCHE, DEN SCHADEN ZU BEHEBEN... MACHT DIE DESTRUKTIVE AURA ES DANN SCHLIMMER?
UGH.
SEIT ICH FLASH WURDE, LÄUFT MEIN METABOLISMUS AUF VOLLEN TOUREN. ER VERBRENNT KALORIEN, UND ICH BIN SCHLAPP, BIS ICH WIEDER AUFTANKEN KANN.
ABER JETZT, WENN ICH DIE SPEED FORCE NUTZE...
... BIN ICH AUSGELAUGT.
ALLES SCHMERZT WIE NIEMALS ZUVOR.
LEER...
WAS HAT THAWNE MIR ANGETAN?
ICH KOMM JETZT SCHON ZU SPÄT ZUR ARBEIT.
K-KANN NICHT HINRENNEN. ICH BIN EINE GEFAHR FÜR DIE STADT. ICH MUSS ALSO EINEN ANDEREN WEG FINDEN...

HEUTE IST DER HEISSESTE TAG IN CENTRAL CITY SEIT JAHRZEHNTEN.
NATÜRLICH AUCH DAS NOCH.
SCHON ALS KIND WAR ICH KEIN GROSSER FAN DES SOMMERS.
Polizeistation Central City
MEINE MOM DACHTE, ES WÄR, WEIL ICH SO GERN ZUR SCHULE GING… UND DAS STIMMTE AUCH.
ABER ICH HASSTE DIE HITZE.
Kriminallabor des CCPD
WENIGSTENS HAB ICH GLÜCK, DASS ES IM KRIMINALLABOR KÜHL IST, UM BEWEISE ZU KONSERVIEREN. WENN ICH BIS ZUM LABOR KOMME, OHNE EINE…

... ABLENKUNG...
WORLD'S BEST BOYFRIEND!
-SEUFZ-
WORLD'S BEST BOYFRIEND!
ICH HOFFE, ICH KOMM NACH OBEN, BEVOR SINGH BEMERKT, DASS ICH WIEDER ZU SPÄT--
HEY, BARRY!
WO BRENNT'S DENN, KUMPEL? DU SOLLTEST--
HAT DAS ZEIT, FORREST? ICH HAB GRAD KEINE ZEIT FÜR SMALLTALK. ICH MUSS INS LABOR, BEVOR--
HEY, KEIN DING, MANN. ICH WOLLT DICH NUR WARNEN. DEIN SCHNÜRSENKEL...
... IST OFFEN.
MENSCH, FORREST, TUT MIR LEID. ICH--
IST OKAY, BARRY. WOLLTE NUR NICHT, DASS DU HINFÄLLST. DU MUSST MICH NICHT UNTERHALTEN.
ICH HATTE 'NEN MIESEN MORGEN, ABER DESHALB MUSS ICH NICHT UNHÖFLICH SEIN.
FORREST HAT KEINE AHNUNG, WAS MIT MIR LOS IST... WIE SOLLTE ICH ES IHM AUCH ERKLÄREN?
DASS MEINE EX-FREUNDIN IRIS WEST ENTFÜHRT UND INS FLASH-MUSEUM DES 25. JAHRHUNDERTS GEBRACHT WURDE?

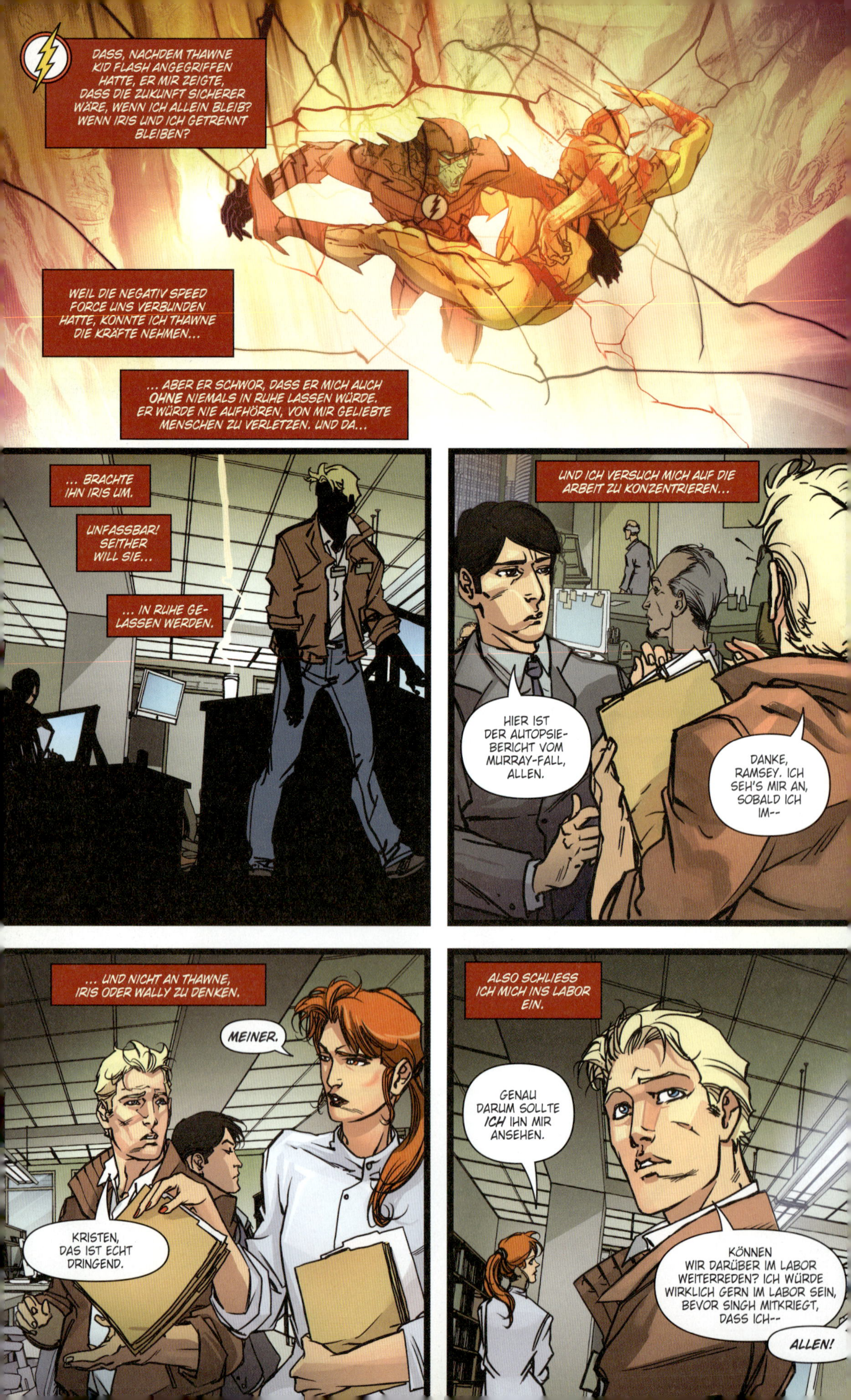
DASS, NACHDEM THAWNE KID FLASH ANGEGRIFFEN HATTE, ER MIR ZEIGTE, DASS DIE ZUKUNFT SICHERER WÄRE, WENN ICH ALLEIN BLEIB? WENN IRIS UND ICH GETRENNT BLEIBEN?
WEIL DIE NEGATIV SPEED FORCE UNS VERBUNDEN HATTE, KONNTE ICH THAWNE DIE KRÄFTE NEHMEN...
... ABER ER SCHWOR, DASS ER MICH AUCH OHNE NIEMALS IN RUHE LASSEN WÜRDE. ER WÜRDE NIE AUFHÖREN, VON MIR GELIEBTE MENSCHEN ZU VERLETZEN. UND DA...
... BRACHTE IHN IRIS UM.
UNFASSBAR! SEITHER WILL SIE...
... IN RUHE GELASSEN WERDEN.
UND ICH VERSUCH MICH AUF DIE ARBEIT ZU KONZENTRIEREN...
HIER IST DER AUTOPSIEBERICHT VOM MURRAY-FALL, ALLEN.
DANKE, RAMSEY. ICH SEH'S MIR AN, SOBALD ICH IM--
... UND NICHT AN THAWNE, IRIS ODER WALLY ZU DENKEN.
MEINER.
KRISTEN, DAS IST ECHT DRINGEND.
ALSO SCHLIESS ICH MICH INS LABOR EIN.
GENAU DARUM SOLLTE ICH IHN MIR ANSEHEN.
KÖNNEN WIR DARÜBER IM LABOR WEITERREDEN? ICH WÜRDE WIRKLICH GERN IM LABOR SEIN, BEVOR SINGH MITKRIEGT, DASS ICH--
ALLEN!

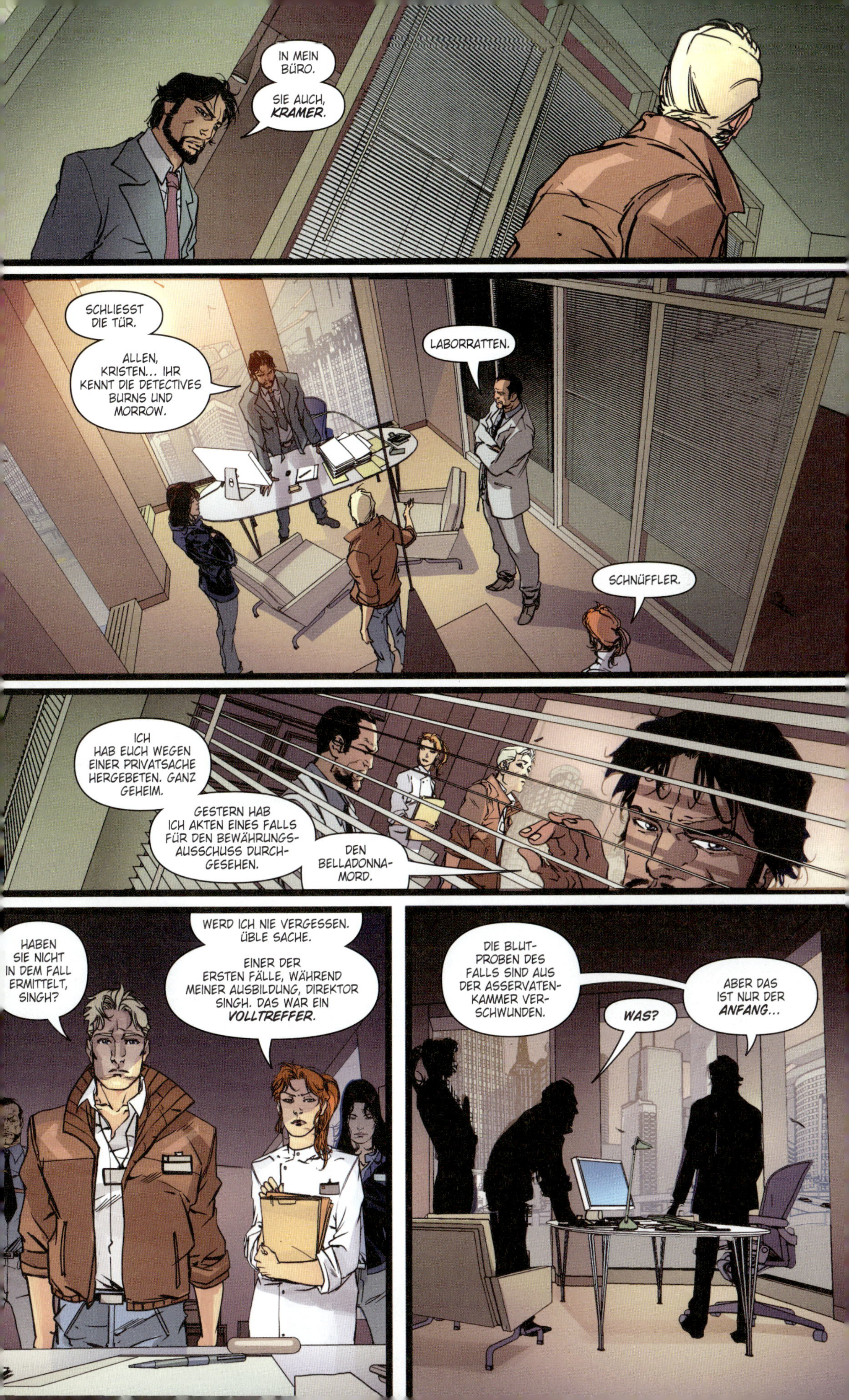
IN MEIN BÜRO.
SIE AUCH, KRAMER.
SCHLIESST DIE TÜR.
ALLEN, KRISTEN... IHR KENNT DIE DETECTIVES BURNS UND MORROW.
LABORRATTEN.
SCHNÜFFLER.
ICH HAB EUCH WEGEN EINER PRIVATSACHE HERGEBETEN. GANZ GEHEIM.
GESTERN HAB ICH AKTEN EINES FALLS FÜR DEN BEWÄHRUNGS-AUSSCHUSS DURCH-GESEHEN.
DEN BELLADONNA-MORD.
HABEN SIE NICHT IN DEM FALL ERMITTELT, SINGH?
WERD ICH NIE VERGESSEN. ÜBLE SACHE.
EINER DER ERSTEN FÄLLE, WÄHREND MEINER AUSBILDUNG, DIREKTOR SINGH. DAS WAR EIN VOLLTREFFER.
DIE BLUT-PROBEN DES FALLS SIND AUS DER ASSERVATEN-KAMMER VER-SCHWUNDEN.
WAS?
ABER DAS IST NUR DER ANFANG...

DAS IST KEIN EINZELFALL. ICH HAB'S ÜBERPRÜFT. ES FEHLEN *EINIGE* BEWEISE.
PROBEN AUS UNSEREM LABOR. ES BLIEB UNENTDECKT, WEIL'S ABGESCHLOSSENE FÄLLE SIND.
ICH SEHE KEINE VERBINDUNG. ES KÖNNTE AUCH NUR EIN SIMPLER FEHLER SEIN...
ABER BEIM *GEDANKEN*, DASS BEWEISE GESTOHLEN WERDEN...
... UND EINER UNSERER LEUTE DAHINTERSTECKEN KÖNNTE, WIRD MIR GANZ *ANDERS*.
NUR EUCH VERTRAU ICH IN DIESER ANGELEGENHEIT.
WIR KÖNNEN NOCH NICHT ZUR INNENREVISION GEHEN. WENN DAS RAUSKÄME... WÜRDE DIE INTEGRITÄT DES GESAMTEN LABORS INFRAGE GESTELLT WERDEN. DAS GEFÄHRDET HUNDERTE VON FÄLLEN.
WIR MÜSSEN DIESE SACHE *SCHNELL* AUFKLÄREN.

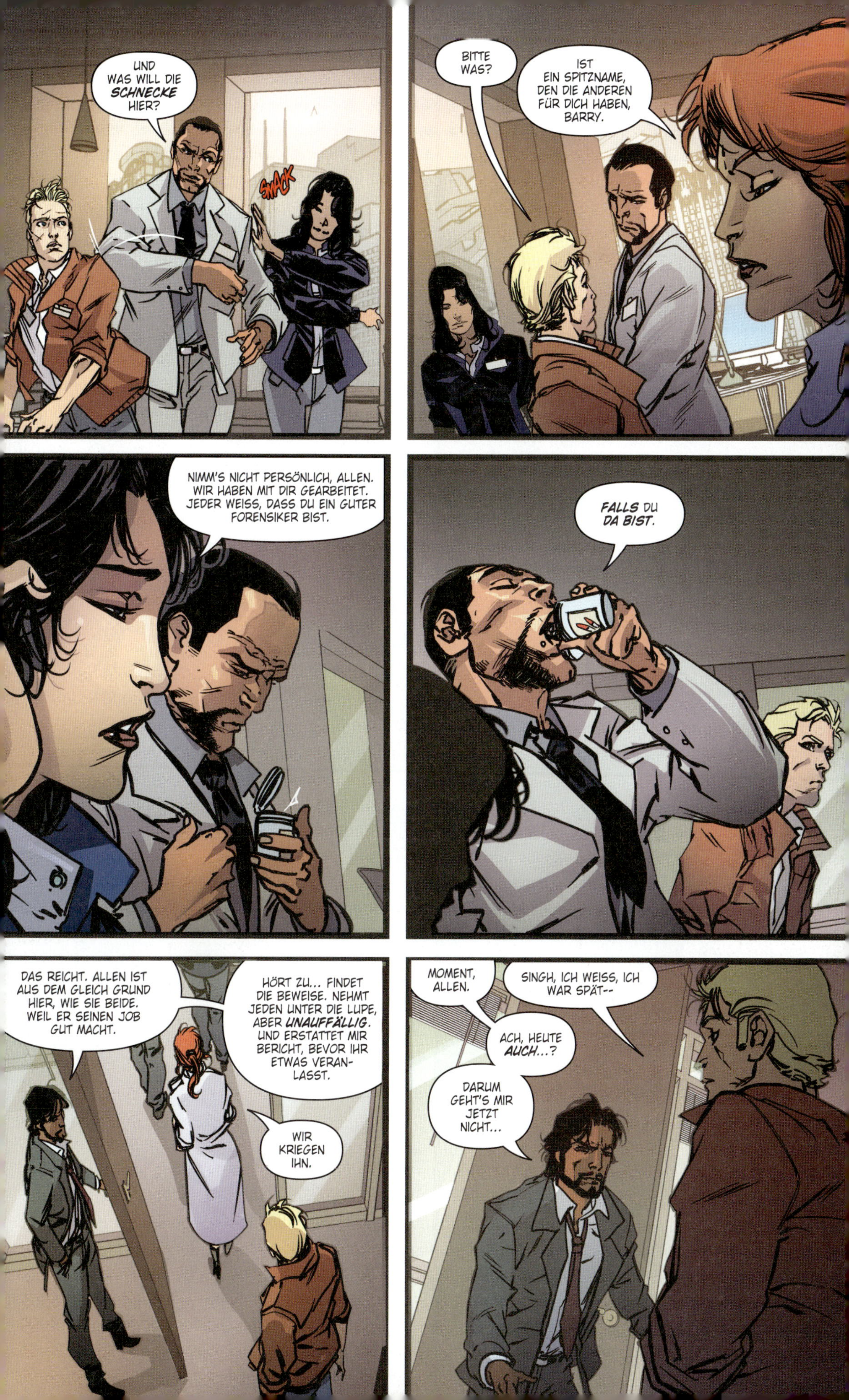
UND WAS WILL DIE SCHNECKE HIER?
SMACK
BITTE WAS?
IST EIN SPITZNAME, DEN DIE ANDEREN FÜR DICH HABEN, BARRY.
NIMM'S NICHT PERSÖNLICH, ALLEN. WIR HABEN MIT DIR GEARBEITET. JEDER WEISS, DASS DU EIN GUTER FORENSIKER BIST.
FALLS DU DA BIST.
DAS REICHT. ALLEN IST AUS DEM GLEICH GRUND HIER, WIE SIE BEIDE. WEIL ER SEINEN JOB GUT MACHT.
HÖRT ZU... FINDET DIE BEWEISE. NEHMT JEDEN UNTER DIE LUPE, ABER UNAUFFÄLLIG. UND ERSTATTET MIR BERICHT, BEVOR IHR ETWAS VERANLASST.
WIR KRIEGEN IHN.
MOMENT, ALLEN.
SINGH, ICH WEISS, ICH WAR SPÄT--
ACH, HEUTE AUCH...?
DARUM GEHT'S MIR JETZT NICHT...

HARTLEY WAR MIT IRIS BRUNCHEN.
IRIS...? SIE HAT MIT IHM GEREDET? WAS SAGT SIE? ICH HAB NICHT-- IST SIE--
ICH MUSS WISSEN, OB DU ARBEITEN KANNST.
ICH BIN OKAY.
BIST DU?
ALLEN, DU BIST ZWEIFELLOS EINER DER BESTEN FORENSIKER, DIE ICH KENNE...
... ABER NUR, WENN DU GANZ BEI DER SACHE BIST. FÜR DIESE ERMITTLUNG MUSST DU IN TOPFORM SEIN.
DAS LABOR UND DAS TEAM BRAUCHEN DEINE VOLLE LEISTUNG.
VIELLEICHT SOLLTE ICH DEN FALL ALLEIN BEARBEITEN.
ETWAS, DAS FÜR DAS LABOR SO WICHTIG IST... DA WÄR'S BESSER, ANDERE WÜRDEN NICHT MIT REINGEZOGEN. DAS WÄR SICHERER... FÜR ALLE.
-SEUFZ-
ICH WILL GANZ OFFEN SEIN, BARRY.
ICH WEISS NICHT, WIESO DU ANDAUERND ZU SPÄT KOMMST...

... UND ES IST MIR EGAL.
ABER WENN DU NICHT IM TEAM ARBEITEN KANNST, MIT KRISTEN UND DEN DETECTIVES ZUSAMMEN, WENN'S GEFORDERT IST...
... STELL ICH DEINE EINSATZBE-REITSCHAFT INFRAGE.
WENN SINGH WÜSSTE, WAS ICH FÜR DIE STADT GELEISTET HAB. WAS ICH GETAN HAB! WAS... WAS ICH GEOPFERT HAB!
ES MACHT MICH SO WÜTEND.
VIELLEICHT... SOLLTE ICH SINGH EINFACH SAGEN, JEMAND ANDERES SOLL DEN FALL UNTERSUCHEN.
GERADE WILL ICH NICHT MAL ARBEITEN.
ICH WILL EIGENTLICH NUR...
... MIT IRIS REDEN.

VRROOOMM
DIE *ROAD REAPERS*?
ZWEIMAL AM SELBEN TAG?
NOCH DAZU DIREKT VOR DER POLIZEISTATION? WIE *DREIST* MUSS MAN SEIN?
HEUTE MORGEN HAB ICH SIE ENT-KOMMEN LASSEN. JETZT...
... BIN ICH...
SAUER.
VRROOOM

VORHIN HAB ICH MICH ZURÜCKGEHALTEN, DENN ICH WOLLTE CENTRAL CITY NICHT GEFÄHRDEN.
DOCH BEI DENEN HALT ICH MICH NICHT ZURÜCK.
KRAKAKAKA
RENNEN IST VORBEI, REAPERS!
BOOM
BOOM
BOOM
IHR VERLIERT!
KRT-TSH-TSH-TSH
HABT IHR GEDACHT, IHR KÖNNT MIR ENTKOMMEN?! IN...
... MEINER STADT?!
WIR SIND NICH VOR DIR ABGEHAUN...
... SONDERN VOR IHM.

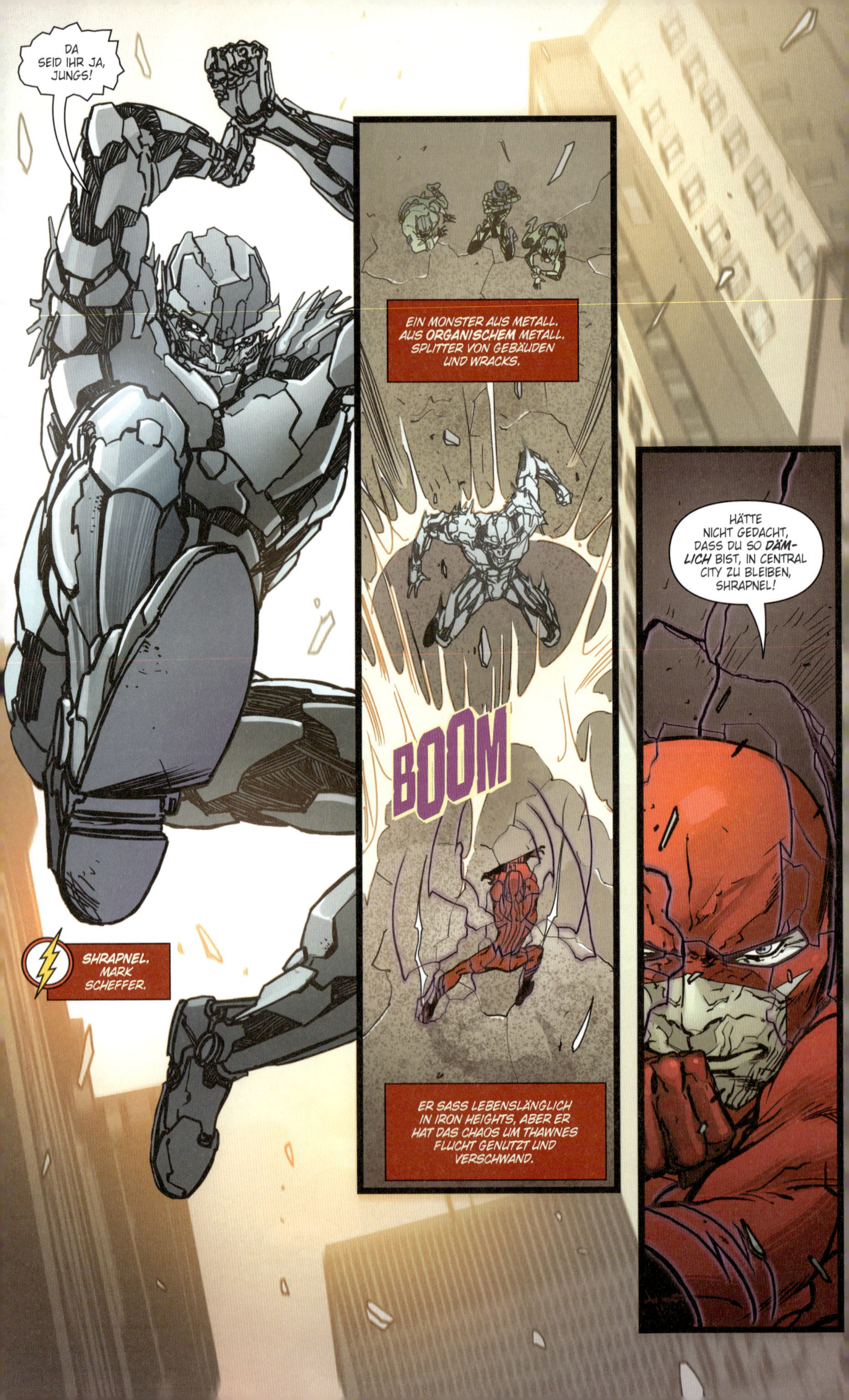

DA SEID IHR JA, JUNGS!
EIN MONSTER AUS METALL. AUS **ORGANISCHEM** METALL. SPLITTER VON GEBÄUDEN UND WRACKS.
BOOM
SHRAPNEL. MARK SCHEFFER.
ER SASS LEBENSLÄNGLICH IN IRON HEIGHTS, ABER ER HAT DAS CHAOS UM THAWNES FLUCHT GENUTZT UND VERSCHWAND.
HÄTTE NICHT GEDACHT, DASS DU SO ***DÄMLICH*** BIST, IN CENTRAL CITY ZU BLEIBEN, SHRAPNEL!

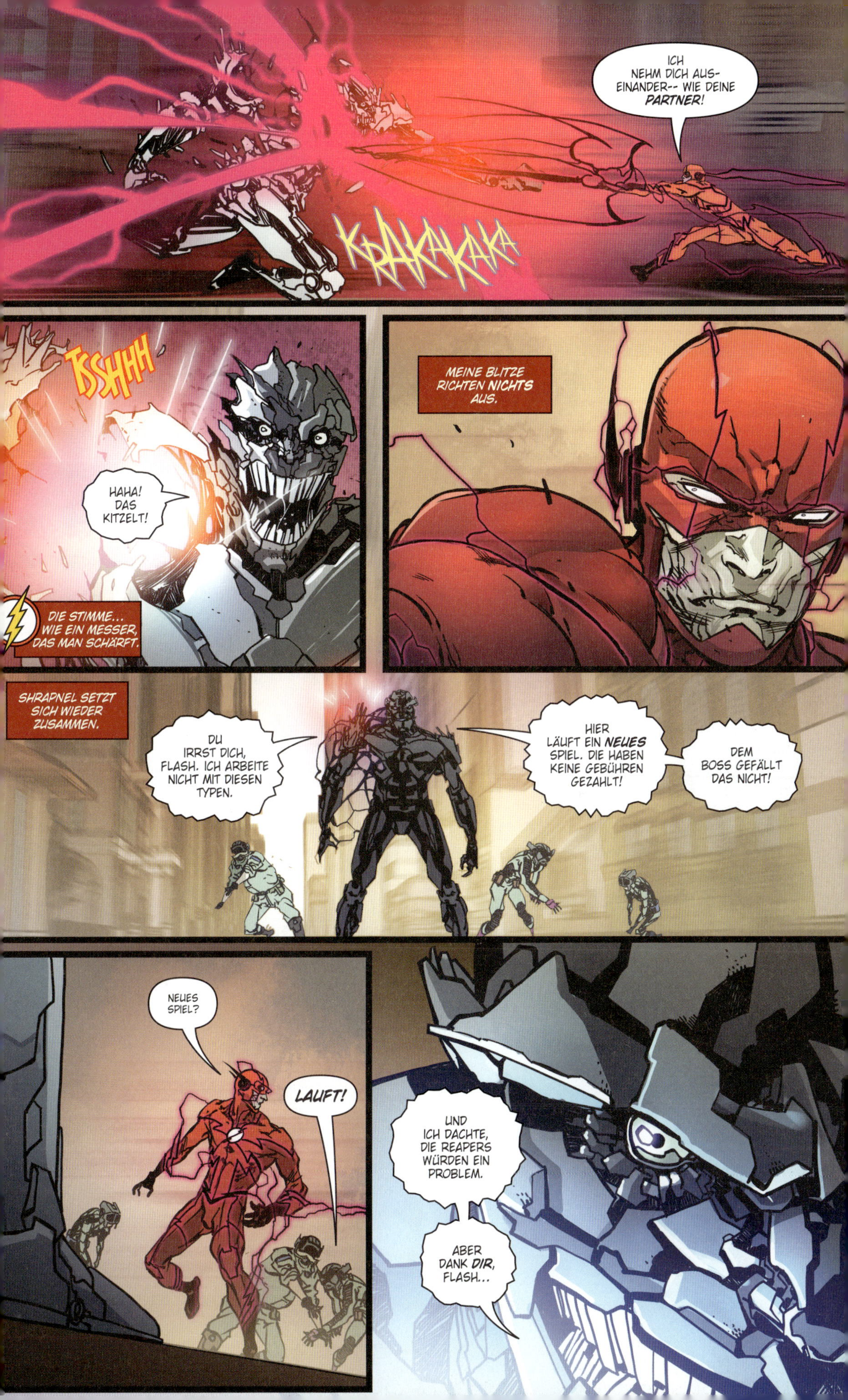
ICH NEHM DICH AUS-EINANDER-- WIE DEINE PARTNER!
KRAKAKAKA
TSSHHH
HAHA! DAS KITZELT!
DIE STIMME... WIE EIN MESSER, DAS MAN SCHÄRFT.
MEINE BLITZE RICHTEN NICHTS AUS.
SHRAPNEL SETZT SICH WIEDER ZUSAMMEN.
DU IRRST DICH, FLASH. ICH ARBEITE NICHT MIT DIESEN TYPEN.
HIER LÄUFT EIN NEUES SPIEL. DIE HABEN KEINE GEBÜHREN GEZAHLT!
DEM BOSS GEFÄLLT DAS NICHT!
NEUES SPIEL?
LAUFT!
UND ICH DACHTE, DIE REAPERS WÜRDEN EIN PROBLEM.
ABER DANK DIR, FLASH...

SKRA-KKOOM
... SIND SIE TOT!

NEGATIVE PART ONE
DC UNIVERSE REBIRTH
28
$3.99
US/CAN
The FLASH™
WHO IS HE?
WHAT DOES HE WANT?
INTRODUCING
NEGATIVE FLASH!
WILLIAMSON
DI GIANDOMENICO
PLASCENCIA

DC
UND DIE
LOONEY TUNES™
EIN IRRES CROSSOVER MIT
BATMAN, WONDER WOMAN, LOBO
UND VIELEN ANDEREN!
TM & © 2018 DC Comics and Warner Bros. Entertainment Inc. All Rights Reserved.
LEE WEEKS
DC UND DIE LOONEY TUNES
252 Seiten - Softcover - € 26,-
Ab 15. Mai erhältlich!
Vorläufiges Cover
Erhältlich im Buchhandel, Comic-Shop
oder unter www.paninicomics.de
Panini COMICS
FINDET UNS IM NETZ:
PaniniComicsDE

DC
NEGATIVE
DC UNIVERSE
REBIRTH
29
$3.99
US/CAN
The FLASH
the EXPLOSIVE POWER of
SHRAPNEL!
WILLIAMSON
MHAN
DUCE
HI-FI

CAPTAIN COLDS EISPISTOLE VERURSACHT IN KÜRZESTER ZEIT ERFRIERUNGEN.
PIZZA
EINEN VON CAPTAIN BOOMERANGS BUMERANGS AM KOPF, UND DIR WIRD SCHWINDELIG.
TRRK
GLIDERS RANKEN QUETSCHEN DICH DERART ZUSAMMEN, DASS DU DEINE EIGENEN KNOCHEN BRECHEN HÖRST.
FLOOOSH
POLAR ICE
REVERSE-FLASH HAT IMMER UNFAIR GEKÄMPFT...
... UND GRODD AM HÄRTESTEN ZUGESCHLAGEN.
ABER MEIN SUPERSCHNELLER METABOLISMUS HAT MICH IMMER GEHEILT, EGAL, WIE SCHWER ES MICH ERWISCHT HAT.

DAS WAR FÜR MICH NORMAL.
ICH SOLLTE BATMAN ANRUFEN UND FRAGEN, WIE ER MIT 'NER HARTEN NACHT KLARKOMMT.
GGHH...
ACH JA, ER HAT ALFRED, DEN BUTLER.
ER HILFT IHM, WENN ER VERLETZT IST...
... WENN ER'S VERKACKT.
NEGATIV
KAPITEL ZWEI
JOSHUA WILLIAMSON Story POP MHAN & CHRISTIAN DUCE ZEICHNUNGEN
HI-FI Farben
JÖRG FASSBENDER Übersetzung
WALPROJECT Lettering
AMEDEO TURTURRO, REBECCA TAYLOR & BRIAN CUNNINGHAM US-Redaktion

"SHRAPNEL!
"DU HAST SIE GETÖTET!"
JA, SIE SIND TOT!
ABER, HEY...
"... OHNE DEINE HILFE..."
AH.
... HÄTT ICH SIE SICHER NICHT ERWISCHT!
"DU KÖNNTEST GLATT MEIN KOMPLIZE SEIN."
UGH... -SEUFZ-

NEIN!
ZEIG, WAS DU DRAUFHAST, FLASH!

SHRAPNEL HATTE RECHT.
HAHA HA!
KRAKAKAKAKA
KRAK
SIE SIND MEINETWEGEN GESTORBEN.
KRAK
ICH BIN LOSGESTÜRMT, OHNE NACHZUDENKEN.
DU WEHRST DICH NICHT MAL, FLASH?
ICH HAB PRÜGEL VERDIENT.
KRAK
DER BOSS WÜRDE MICH IN DIE MÜLLPRESSE WERFEN, WENN ICH DICH TÖTE.
BOSS...?
ABER DAS WÄR'S GLATT WERT.
KRAK

KRAKA-BOOMM
MIST.
ICH WUSSTE NICHT, DASS ICH DAS KANN...
SHRAPNEL DACHTE, DASS SEIN ANGRIFF MICH UMBRINGEN WÜRDE... ABER MIT JEDEM SCHLAG HAT MEINE AURA ZUGENOMMEN, BIS SIE FÖRMLICH **EXPLODIERT** IST.
FRÜHER FAND ICH'S TOLL, WENN ICH MIT DER SPEED FORCE WAS NEUES ANGESTELLT HAB, ABER DAS... DAS IST EIN WERTLOSER SIEG UND EINE **LEKTION**.
DIE EXPLOSION WAR SO HEFTIG, DASS SICH SHRAPNEL NICHT WIEDER REGENERIEREN KONNTE...

... LANGE GENUG JEDENFALLS, DASS IRON HEIGHTS IHM EIN MAGNETFELD VERPASSEN KONNTE, DAS DIE TEILE GETRENNT HÄLT.
REINES GLÜCK.
FÜR MICH.
AMBULANCE
DIE BIKER HABEN EIN PAAR PANZERWAGEN ÜBERFALLEN, ABER SO ZERFETZT ZU WERDEN... DAS HAT NIEMAND VERDIENT.
HÄTTE SCHLIMMER KOMMEN KÖNNEN, WENN DU SHRAPNEL NICHT AUFGEHALTEN HÄTTEST, FLASH.
ICH KONNTE...
... HÄTTE SIE RETTEN MÜSSEN.
DAS SAG ICH MIR FAST JEDEN TAG. ABER DAS GEHÖRT ZUM JOB.
KLAR...
ÄH, FLASH... GEHT?
JA, SELTSAM.
MEINE KRÄFTE SIND EINE GEFAHR...

... UND SEIT ICH MIT DER NEGATIV SPEED FORCE INFIZIERT WURDE, DAUERT'S VIEL LÄNGER, MICH ZU ERHOLEN. ICH BRAUCHE MEHR ZEIT, BEVOR ICH MICH IRGENDWO SEHEN LASSEN KA--
BEEP
KRISTEN KRAMER-CSI
WZT, ALLEN?! WO BIST DU? ICH BRAUCH DICH IM LABOR. ASAP.
MOMENT...
SHRAPNEL SAGTE, ER HAT 'NEN BOSS?

Kriminallabor des CCPD
DERZEIT INHAFTIERT IM IRON HEIGHTS HOCHSICHERHEITSGEFÄNGNIS
Godspeed
Captain Cold
Mirror Master
Weather Wizard
Trickster
Heat Wave
Golden Glider
Tarpit
Papercut
ALLE MITGLIEDER DER ROGUES SITZEN IN IRON HEIGHTS.
ALSO WEN HAT SHRAPNEL GEMEINT...?
DAS ORGANISIERTE VERBRECHEN IN CENTRAL CITY IST RUHIG IN DEN LETZTEN JAHREN. EIN PAAR VERSTREUTE GANGS... ABER NICHTS GROSSES.
GIBT ES EINEN NEUEN BOSS IN CENTRAL CITY...? VIELLEICHT KRIEG ICH VON SHRAPNEL ETWAS--
ALLEN?!

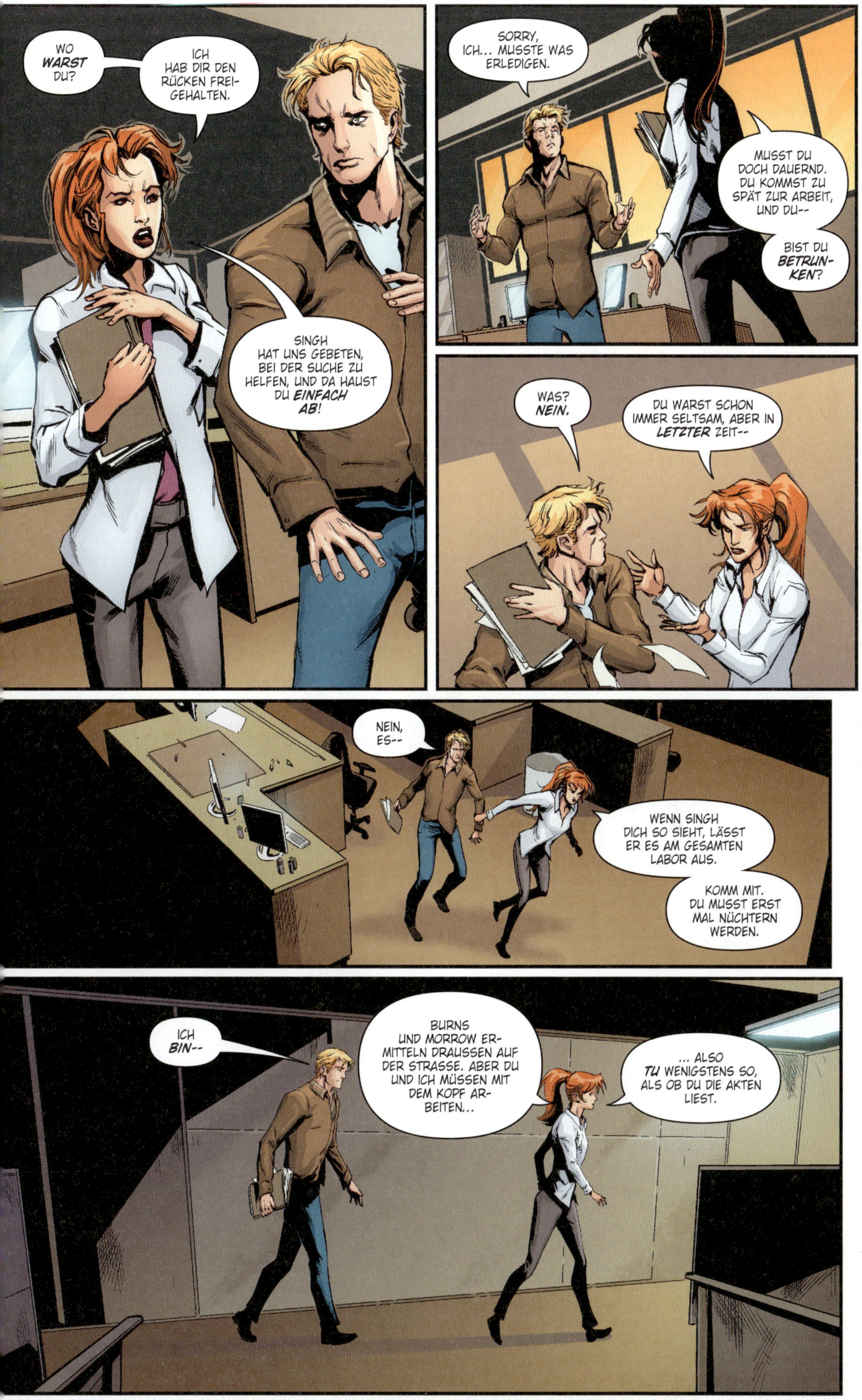
WO WARST DU?
ICH HAB DIR DEN RÜCKEN FREI-GEHALTEN.
SINGH HAT UNS GEBETEN, BEI DER SUCHE ZU HELFEN, UND DA HAUST DU EINFACH AB!
SORRY, ICH... MUSSTE WAS ERLEDIGEN.
MUSST DU DOCH DAUERND. DU KOMMST ZU SPÄT ZUR ARBEIT, UND DU--
BIST DU BETRUN-KEN?
WAS? NEIN.
DU WARST SCHON IMMER SELTSAM, ABER IN LETZTER ZEIT--
NEIN, ES--
WENN SINGH DICH SO SIEHT, LÄSST ER ES AM GESAMTEN LABOR AUS.
KOMM MIT. DU MUSST ERST MAL NÜCHTERN WERDEN.
ICH BIN--
BURNS UND MORROW ER-MITTELN DRAUSSEN AUF DER STRASSE. ABER DU UND ICH MÜSSEN MIT DEM KOPF AR-BEITEN...
... ALSO TU WENIGSTENS SO, ALS OB DU DIE AKTEN LIEST.

NORMALERWEISE KÖNNTE ICH DAS BLITZSCHNELL LESEN. ABER ICH DARF MEINE KRÄFTE NICHT EINSETZEN.
ÄH… DIE MUSS ICH MIT INS LABOR NEHMEN.
ICH BIN SO GEWOHNT, DIE SPEED FORCE ZU NUTZEN… DOCH JETZT GEHT'S NICHT, UND ICH FRAGE MICH, WIE NÜTZLICH ICH HIER IM LABOR EIGENTLICH BIN.
SORRY, BARRY, ABER WIR GEHEN NICHT IN DEIN LABOR.
WOHIN DANN?
WÄHREND DU WER WEISS WO WARST, HAB ICH MIR ANGESEHEN, WAS FEHLT. DIE ABHANDENGEKOMMENEN PROBEN SIND ALLE BIOLOGISCH.
KEINE WAFFEN, KEINE PROJEKTILE…
UND ES GIBT NUR ZWEI ORTE IM DEPARTMENT, DIE KALT GENUG SIND, UM DIESE PROBEN AUFZUBEWAHREN.
WIR MACHEN ALSO 'NEN BESUCH IM KELLER…
WIE LÄUFT'S HIER UNTEN, RAMSEY?
NUN JA…

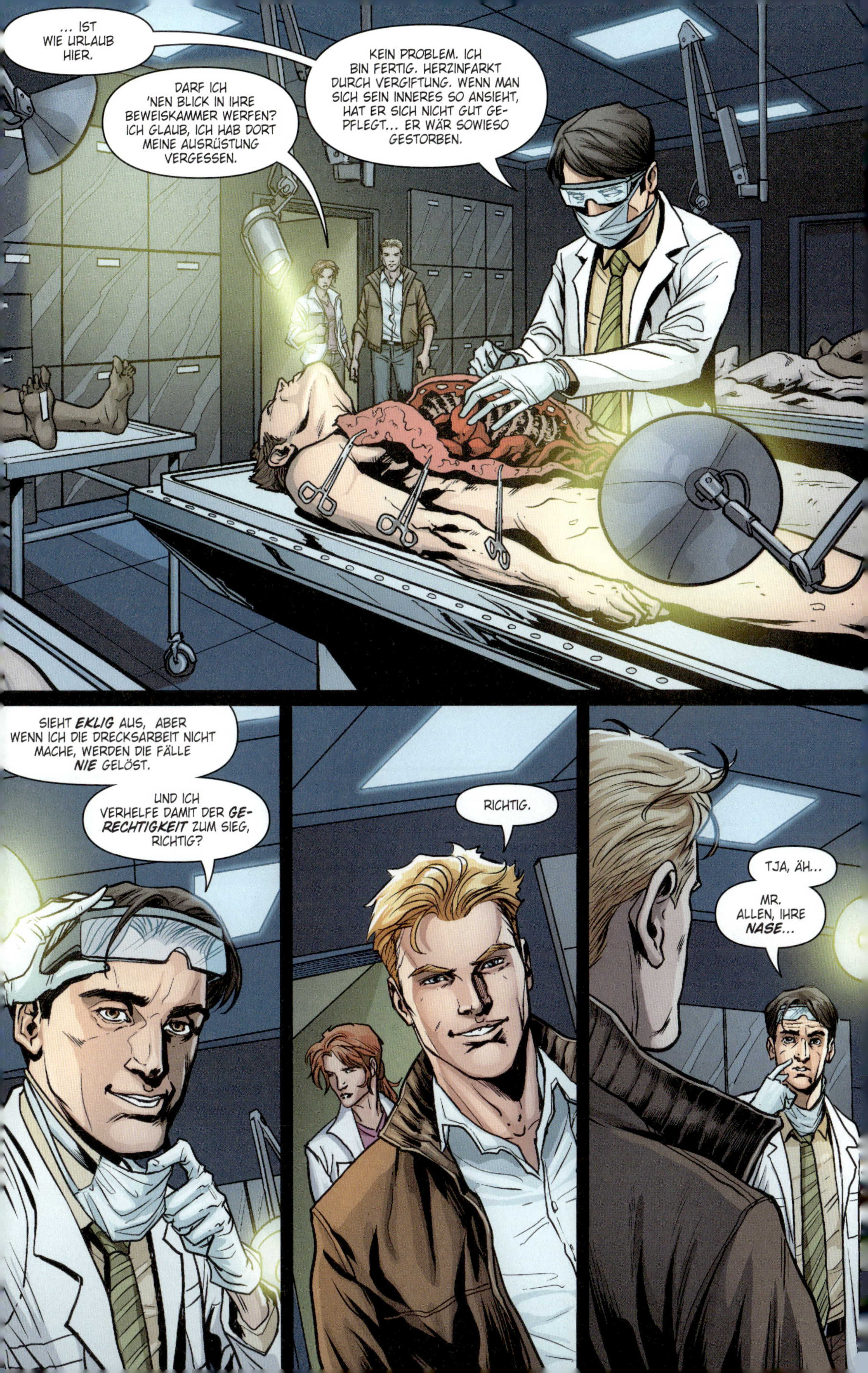

... IST WIE URLAUB HIER.
KEIN PROBLEM. ICH BIN FERTIG. HERZINFARKT DURCH VERGIFTUNG. WENN MAN SICH SEIN INNERES SO ANSIEHT, HAT ER SICH NICHT GUT GEPFLEGT... ER WÄR SOWIESO GESTORBEN.
DARF ICH 'NEN BLICK IN IHRE BEWEISKAMMER WERFEN? ICH GLAUB, ICH HAB DORT MEINE AUSRÜSTUNG VERGESSEN.
SIEHT **EKLIG** AUS, ABER WENN ICH DIE DRECKSARBEIT NICHT MACHE, WERDEN DIE FÄLLE **NIE** GELÖST.
UND ICH VERHELFE DAMIT DER **GERECHTIGKEIT** ZUM SIEG, RICHTIG?
RICHTIG.
TJA, ÄH...
MR. ALLEN, IHRE **NASE**...

... SIE BLUTET.
HAB MICH WOHL NOCH NICHT GANZ ERHOLT VON SHRAPNELS SCHLÄGEN.
OH, MIR GEHT'S GUT... ES IST--
BARRY LÄUFT ÖFTER GEGEN DIE WAND, RAMSEY.
TJA, MEINE AUSRÜSTUNG WAR NICHT HIER. SORRY!
WIR LASSEN SIE DANN WIEDER MIT DEN TOTEN ALLEIN, RAMSEY.
WAS SOLLTE DAS DENN?
ICH WOLLTE DIR ZEIGEN, WIE LEICHT ES MIT EINER ABLENKUNG IST, PROBEN AUS DEM DEPARTMENT ZU STEHLEN.
HAST DU GRAD WAS GESTOHLEN, KRISTEN?!
HEY, WIR SUCHEN SCHON NACH EUCH!
SOLLEN WIR IN UNSEREM LABOR VERGLEICHEN, WAS WIR SCHON HABEN?
EUER LABOR?

Chyre's Pub
OB 'NE KNEIPE 'N GUTER ORT IST, UM ÜBER EINEN FALL ZU REDEN...?
ES IST 'NE BULLEN-KNEIPE, BARRY. JEDER HIER REDET ÜBER FÄLLE.
DAS IST OKAY, ALLEN.
SETZ DICH. TRINK WAS. SOGAR DU MUSST DICH DOCH GELEGENTLICH MAL LOCKER MACHEN.
ICH TRINKE NIE.
EINER, DER NICHT TRINKT, HAT IMMER 'N ANDERES LASTER.
HÖR SCHON AUF, MORROW.
WENN SINGH COPS OBSERVIEREN WILL, WÄR DAS DER PERFEKTE ORT DAFÜR.
ABER ICH VERMUTE, DIE GANZE SACHE STELLT SICH ALS WAS SIMPLES RAUS. EIN IRRTUM.
WAS SAGST DU DA?

DAS CCPD IST DAS BESTE DEPARTMENT DER WELT. DAS IST NICHT NUR 'NE MEINUNG.
ANGEFANGEN HAB ICH IN GOTHAM. MEIN PARTNER DORT WAR KORRUPT.
EIN MIESER KERL.
ER DACHTE, ER WÄR CLEVER. GLAUBTE, NIEMAND WÜRDE MITKRIEGEN, DASS ER FÜR TWO-FACE ARBEITET.
ABER ICH TAT DAS RICHTIGE UND NAHM IHN HOCH.
ES WAR GOTHAM, ALSO GALT ICH DORT ALS RATTE, ABER...
... WENN HIER WER KORRUPT WÄR... WÜSSTE ICH'S.
ALSO, ICH DENKE, ES IST SINGH.
SINGH? WENN DU UNS ERZÄHLEN WILLST, SINGH HÄTTE UNS AUF DIE SACHE ANGESETZT, UM VON SICH ABZULENKEN... ICH HAU AB.
ABER ER--
ICH HAB DIENSTFREI, ICH GEH NACH HAUS.
MAN MUNKELT, KRAMER HÄTT 'NEN TYPEN, DEN SIE VON UNS BULLEN-GESINDEL FERNHÄLT.
WIE TRENNST DU NUR ARBEIT UND PRIVATLEBEN, K.?
TEILEN UND HERRSCHEN, LEUTE.
SEI MORGEN MAL PÜNKTLICH, ALLEN.
DU BIST ALSO DER GOLDJUNGE, ALLEN? DER BESTE FORENSIKER DER STADT?
WIESO IST SINGH NICHT DIREKT ZUR INNEREN GEGANGEN? ER HÄLT SICH SONST STRIKT AN DIE REGELN, ODER? IRGENDWAS STIMMT NICHT, UND SINGH SAGT UNS NICHT, WAS.
WAS HÄLTST DU DAVON, ALLEN?

KRISTEN HATTE RECHT.
BEI ALLEN FÄLLEN FEHLEN BIOLOGISCHE PROBEN. ABER NICHT NUR DAS, ES GING IMMER UM BLUT.
BRUTALE GEWALT? UND?
NEIN, NEIN... BEI ALL DEN FEHLENDEN PROBEN GAB ES BLUTUNTERSUCHUNGEN.
WOHER HAT SINGH DIESE AKTEN?
AUS DEM ARCHIV. WIESO FRAGST DU?
ES IST UNS ERST JETZT AUFGEFALLEN, WEIL DIE TÄTER VORSICHTIG WAREN. SIE WUSSTEN, NACH WAS SIE SUCHTEN.
UND SIE HATTEN AKTENZUGANG, DARUM WUSSTEN SIE AUCH, WO SIE'S FINDEN.
BARRY, WENN DU DAMIT DAS SAGEN WILLST, WAS ICH GLAUBE, MÜSSEN WIR SINGH DARÜBER IN KENNTNIS SETZEN.
WENN JEMAND BEWEISE STIEHLT, GEFÄHRDET ER DEN RUF DES LABORS. WIR...
... KÖNNEN NICHT SO LANGE WARTEN.

SEHT EUCH NUR DETECTIVE ALLEN AN. WILLST DU DEN FALL ETWA ALLEIN LÖSEN?
WENN DU JETZT IM ARCHIV RUMSCHNÜFFELST, WARNST DU VIELLEICHT DIE TÄTER.
ICH BIN ANDAUERND IM ARCHIV. DIE KENNEN MICH. ES WIRD WIE ROUTINE AUSSEHEN.
IN DEN PROTOKOLLEN IST VERZEICHNET, WER SICH ALTE FÄLLE ANGESEHEN HAT. MORGEN REDEN WIR DANN GEMEINSAM MIT SINGH, OKAY?
ICH VERSTEHE BURNS' UND MORROWS BEDENKEN, ABER ICH MUSS DAS ALLEIN TUN.
POLICE
HEY, DANNY. BIST DU DA?
ICH BIN'S... BARRY, VOM LABOR. ICH HAB MICH GEFRAGT, OB ICH NICHT--
KEINE WACHEN?
CRREEEEEE

MEIN GOTT...
DANNY... DIE WACHEN...?
SIE LEBEN.
WER WAR DAS?

DIE AKTEN. JEMAND WILL SIE VERNICHTEN.
MIT MEINEN KRÄFTEN WIRD'S VIELLEICHT NUR SCHLIMMER.
ABER ICH BRAUCH SIE NICHT.
ICH BRING DIE LEUTE IN SICHERHEIT...
... DANN HOL ICH...
... HILFE.
OH NEIN... DAS SIND DIE AUSWIRKUNGEN VOM KAMPF MIT SHRAPNEL...
UNH...
WAS IST NUR...
... MIT...
... MIR LOS?

BATMAN: ARKHAM ASYLUM
Der Meilenstein von Grant Morrison und Dave McKean als Deluxe-Ausgabe!
TM & © 2018 DC Comics. All Rights Reserved.
23 x 36 cm!
BATMAN
ARKHAM ASYLUM
GRANT MORRISON
DAVE McKEAN
Im riesigen Überformat!
Mit hochwertiger Effekt-Hülle!
Komplett überarbeitete Übersetzung!
BATMAN DELUXE: ARKHAM ASYLUM
164 S. - Hardcover mit Effekt-Hülle - € 29,99
Ab 22. Mai erhältlich!
Erhältlich im Buchhandel, Comic-Shop oder unter
www.paninicomics.de
panini comics
FINDET UNS IM NETZ:
PaniniComicsDE

DC UNIVERSE
REBIRTH
30
$2.99
US
The FLASH
WILLIAMSON
GOOGE
PLASCENCIA

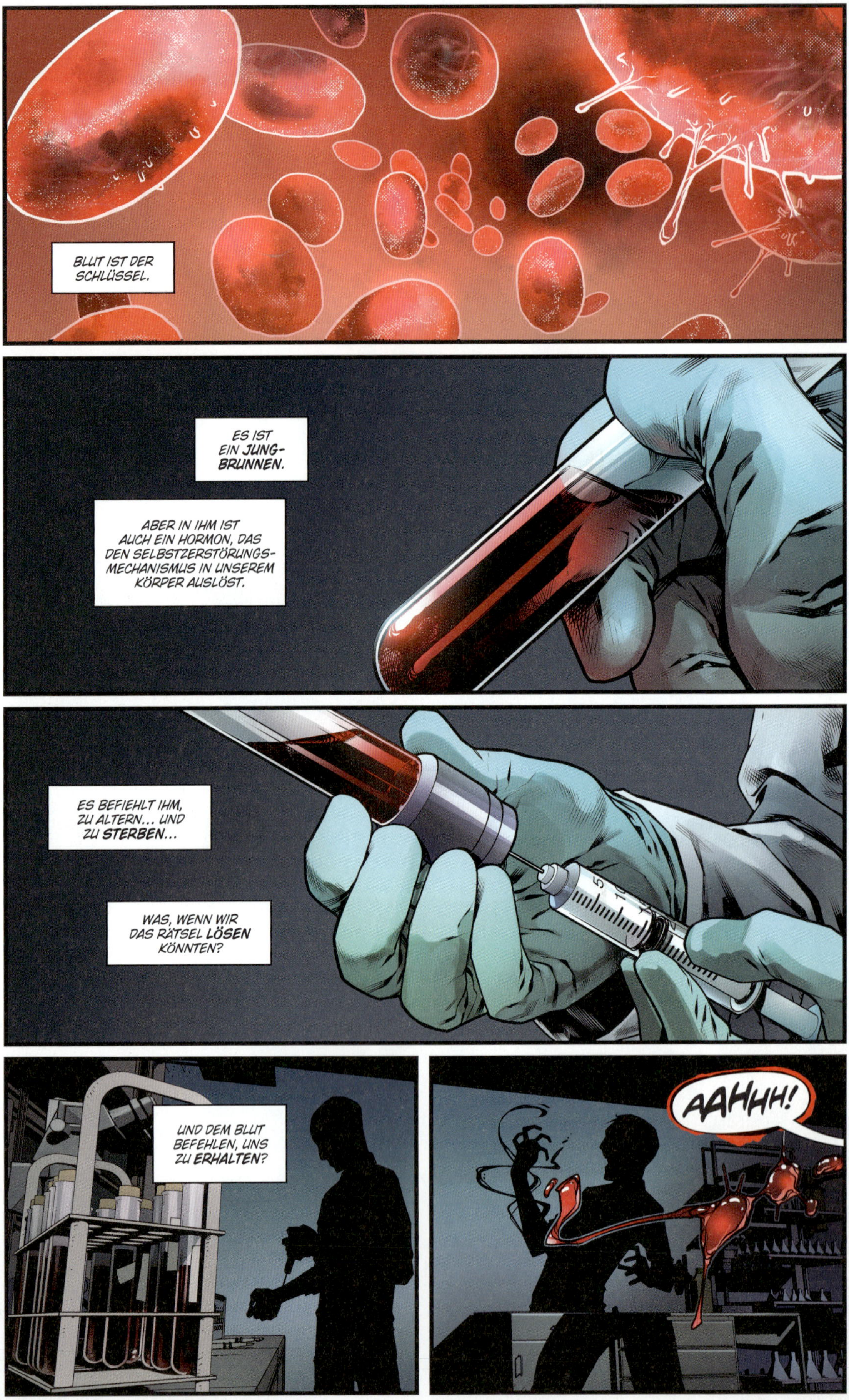
BLUT IST DER SCHLÜSSEL.
ES IST EIN JUNG-BRUNNEN.
ABER IN IHM IST AUCH EIN HORMON, DAS DEN SELBSTZERSTÖRUNGS-MECHANISMUS IN UNSEREM KÖRPER AUSLÖST.
ES BEFIEHLT IHM, ZU ALTERN... UND ZU STERBEN...
WAS, WENN WIR DAS RÄTSEL LÖSEN KÖNNTEN?
UND DEM BLUT BEFEHLEN, UNS ZU ERHALTEN?
AAHHH!

BLUTPROBEN
KAPITEL EINS
JOSHUA WILLIAMSON Story
NEIL GOOGE Zeichnungen
IVAN PLASCENCIA Farben
JÖRG FASSBENDER Übersetzung
WALPROJECT Lettering
AMEDEO TURTURRO, REBECCA TAYLOR & BRIAN CUNNINGHAM US-Redaktion
"WEISST DU, WIE VIEL GLÜCK DU HATTEST?!
"DU HÄTTEST DABEI DRAUFGEHEN KÖNNEN!"

AUSSERDEM WEISST DU, WORUM ES GEHT-- DER RUF DES LABORS STEHT AUF DEM SPIEL!
ICH HAB MIT BURNS UND MORROW GESPROCHEN. SIE SAGEN, SIE HÄTTEN DICH GEWARNT, ALLEIN INS ARCHIV ZU GEHEN... DU HAST'S TROTZDEM GEMACHT.
UND KRISTEN SAGT, DU KOMMST BETRUNKEN ZUR ARBEIT!
OH NEIN...
ICH HAB DIR GESAGT, DU SOLLST MIT DEM TEAM ARBEITEN! BEFEHLE BEFOLGEN. MIR BERICHTEN!
WO IMMER BARRY ALLEN HINGEHT...
... GIBT'S ÄRGER!
WAS HAST DU-- GEHST DU JETZT?
NA LOS, TU, WAS DU IMMER TUST!
HAU AB, WENN MAN DICH BRAUCHT!
KEINE AHNUNG, WIE IRIS DAS SO LANGE MIT DIR AUSGEHALTEN HAT!

WAS?
ICH HAB DIE NASE VOLL VON DER NUMMER, SINGH!
ICH HAB IHNEN UND DEM LABOR SO OFT DEN ARSCH GERETTET.
BEVOR ICH HIER WAR, HATTE ES 'NEN MIESEN RUF...
... UND ZWEI ARTEN VON FÄLLEN.
TOTE FÄLLE, DIE NIE GELÖST WURDEN...
... ODER SCHLAMPIG BE-ARBEITETE, DIE ZU NICHTS FÜHRTEN.
WENN ICH NICHT WÄR, WÜRDEN...
... DIE KRIMI-NELLEN DIE STADT ÜBERRENNEN!

KOMM, BARRY...
... DU WEISST DOCH AM BESTEN, DASS **JEDER** HIER ÜBERSTUNDEN MACHT. **KEINER** HIER VERDIENT, WAS DU SAGST.
WIESO GEHN WIR BEIDE NICHT ZUM **BIG BELLY BURGER** UND--
AH, DAS **LABORMASKOTTCHEN** MELDET SICH ZU WORT.
W-WAS?
DU SITZT DEN GANZEN TAG RUM, FORREST. WAS TRÄGST DU DENN ÜBERHAUPT BEI?
DAS IST NICHT FAIR. ICH BIN IMMER DA, BARRY. UND ICH FREU MICH AUF MEIN BOOT, JA--
ES **GIBT** KEIN BOOT, FORREST.
KEIN. BOOT.
WAS IST **LOS** MIT DIR, BARRY?
ZUM LETZTEN MAL, **KRIEG'S** AUF DIE **REIHE!**
VERGISS ES.
BITTE WAS?
WENN SIE SO UNZUFRIEDEN MIT MIR SIND...

... DANN FEUERN SIE MICH!
BARRY...
NICHT.
ICH WOLLTE NICHT SO AUSFLIPPEN. HÄTT ICH NICHT TUN DÜRFEN... ICH WEISS AUCH NICHT...
... ICH WERD IMMER WÜTENDER...
DAS MUSS DIE NEGATIV SPEED FORCE SEIN...
ABER ES IST ZU IHREM BESTEN.
WENN ICH SIE WEG-STOSSE...

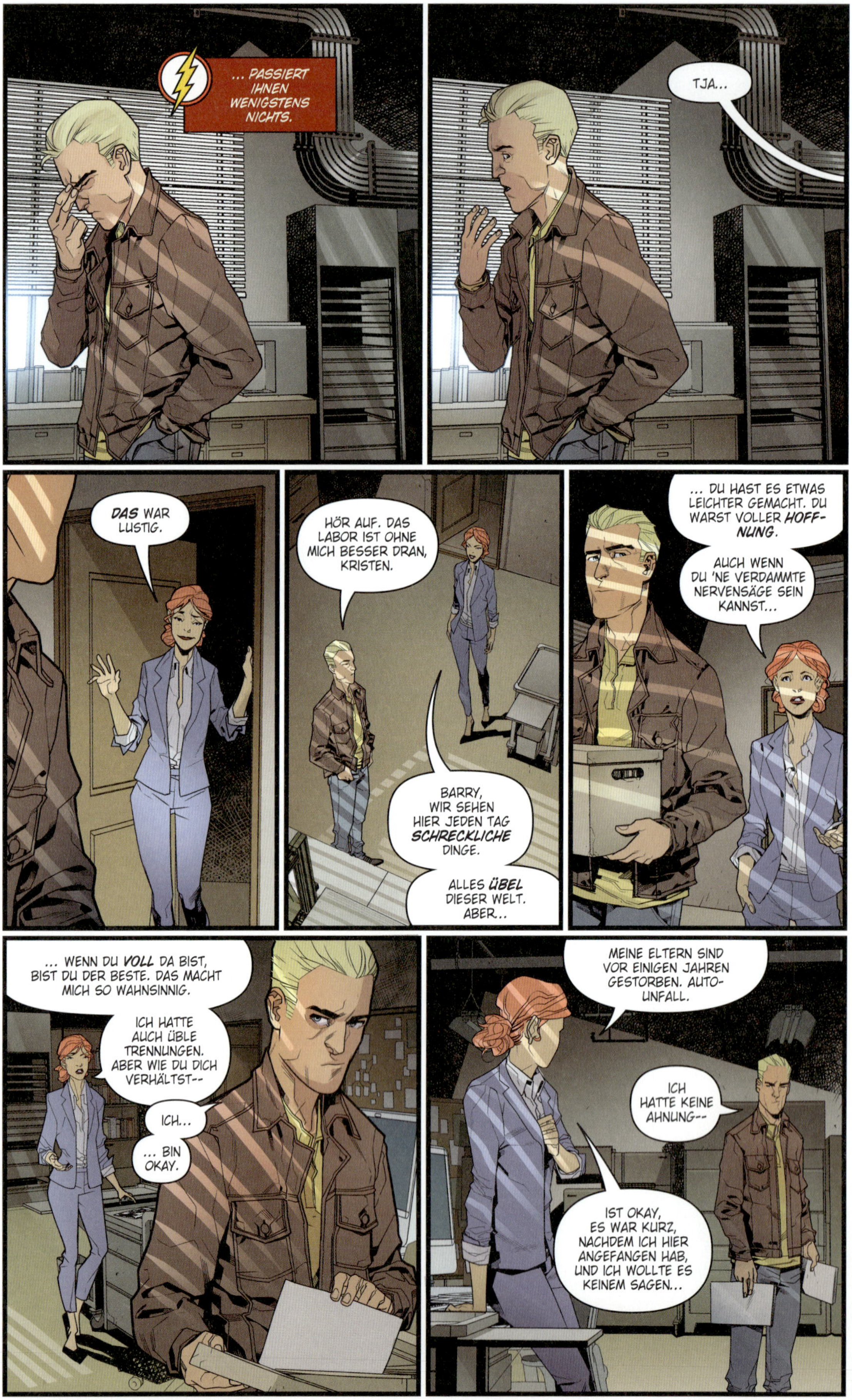
... PASSIERT IHNEN WENIGSTENS NICHTS.
TJA...
DAS WAR LUSTIG.
HÖR AUF. DAS LABOR IST OHNE MICH BESSER DRAN, KRISTEN.
BARRY, WIR SEHEN HIER JEDEN TAG SCHRECKLICHE DINGE.
ALLES ÜBEL DIESER WELT. ABER...
... DU HAST ES ETWAS LEICHTER GEMACHT. DU WARST VOLLER HOFF-NUNG.
AUCH WENN DU 'NE VERDAMMTE NERVENSÄGE SEIN KANNST...
... WENN DU VOLL DA BIST, BIST DU DER BESTE. DAS MACHT MICH SO WAHNSINNIG.
ICH HATTE AUCH ÜBLE TRENNUNGEN. ABER WIE DU DICH VERHÄLTST--
ICH...
... BIN OKAY.
MEINE ELTERN SIND VOR EINIGEN JAHREN GESTORBEN. AUTO-UNFALL.
ICH HATTE KEINE AHNUNG--
IST OKAY, ES WAR KURZ, NACHDEM ICH HIER ANGEFANGEN HAB, UND ICH WOLLTE ES KEINEM SAGEN...

NACH DER BEERDIGUNG HAT MEINE SCHWESTER KIM... NICHT MEHR MIT MIR GEREDET. KEINE ANRUFE, KEINE SMS MEHR...
AUCH IHRE FREUNDE HAT SIE ZURÜCKGEWIESEN...
... EINFACH ALLE UND JEDEN.
IRGENDWANN HAB ICH SIE DOCH ERREICHT. UND WEISST DU, WAS SIE GESAGT HAT?
"ICH BIN OKAY."
ICH... ICH WEISS NOCH, WIE WIR DIE NACHRICHT HIER BEKOMMEN HABEN.
WAS SIE GETAN HAT... ES GALT NICHT ALS TATORT. KEINE BEWEISE ODER SPUREN. ABER...
... ICH MUSSTE DIE LEICHE IDENTIFIZIEREN...
DANACH HAB ICH ANGEFANGEN, MEHR AUF DAS ZU ACHTEN, WAS DIE LEUTE UM MICH HERUM SAGEN.
ES GIBT SO VIEL, WAS ICH IHR GERN NOCH GESAGT HÄTTE.

ALSO, WAS IMMER DU GERADE DURCHMACHST... ES IST OKAY.
KRISTEN, ES-- ICH BIN NICHT--
HÖR ZU, BITTE.
DU MUSST ES MIR NICHT SAGEN, ABER...
... VERSTECK ES NICHT. WEISE UNS NICHT AB. DU BIST NICHT ALLEIN. DAS LABOR IST FÜR DICH DA.
WIR ALLE SIND DEINE FREUNDE.
ICH HAB SINGH GESAGT--
JA, DAS HAT MAN NOCH IN GOTHAM GEHÖRT.
ICH SCHLAG VOR, DU LÖST EINFACH 'NEN FALL, UM WIEDER BEI SINGH ZU PUNKTEN.
"ALSO, WIR WISSEN..."

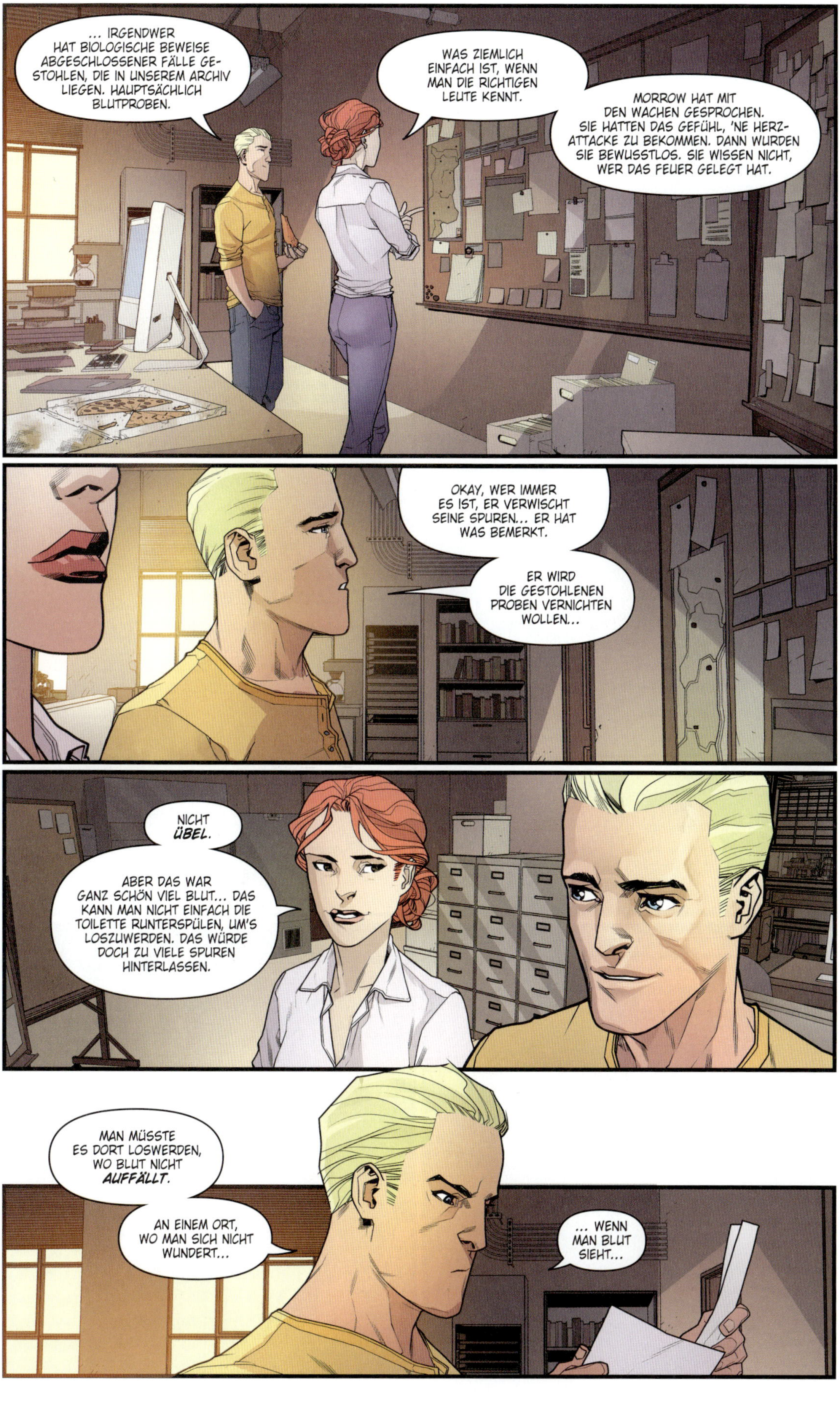
... IRGENDWER HAT BIOLOGISCHE BEWEISE ABGESCHLOSSENER FÄLLE GESTOHLEN, DIE IN UNSEREM ARCHIV LIEGEN. HAUPTSÄCHLICH BLUTPROBEN.
WAS ZIEMLICH EINFACH IST, WENN MAN DIE RICHTIGEN LEUTE KENNT.
MORROW HAT MIT DEN WACHEN GESPROCHEN. SIE HATTEN DAS GEFÜHL, 'NE HERZATTACKE ZU BEKOMMEN. DANN WURDEN SIE BEWUSSTLOS. SIE WISSEN NICHT, WER DAS FEUER GELEGT HAT.
OKAY, WER IMMER ES IST, ER VERWISCHT SEINE SPUREN... ER HAT WAS BEMERKT.
ER WIRD DIE GESTOHLENEN PROBEN VERNICHTEN WOLLEN...
NICHT *ÜBEL*.
ABER DAS WAR GANZ SCHÖN VIEL BLUT... DAS KANN MAN NICHT EINFACH DIE TOILETTE RUNTERSPÜLEN, UM'S LOSZUWERDEN. DAS WÜRDE DOCH ZU VIELE SPUREN HINTERLASSEN.
MAN MÜSSTE ES DORT LOSWERDEN, WO BLUT NICHT *AUFFÄLLT*.
AN EINEM ORT, WO MAN SICH NICHT WUNDERT...
... WENN MAN BLUT SIEHT...

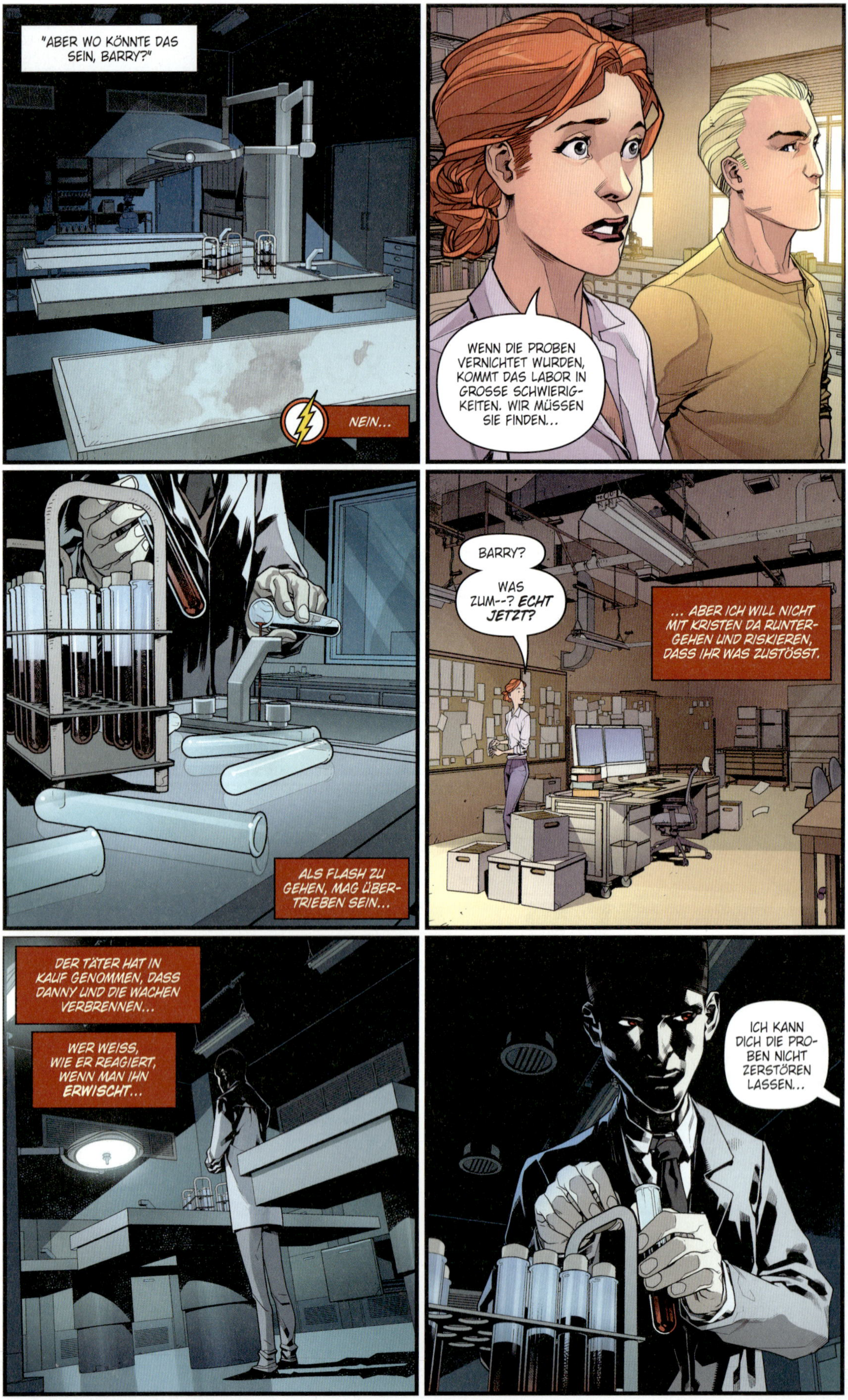
"ABER WO KÖNNTE DAS SEIN, BARRY?"
NEIN...
WENN DIE PROBEN VERNICHTET WURDEN, KOMMT DAS LABOR IN GROSSE SCHWIERIGKEITEN. WIR MÜSSEN SIE FINDEN...
ALS FLASH ZU GEHEN, MAG ÜBERTRIEBEN SEIN...
BARRY?
WAS ZUM--? ECHT JETZT?
... ABER ICH WILL NICHT MIT KRISTEN DA RUNTERGEHEN UND RISKIEREN, DASS IHR WAS ZUSTÖSST.
DER TÄTER HAT IN KAUF GENOMMEN, DASS DANNY UND DIE WACHEN VERBRENNEN...
WER WEISS, WIE ER REAGIERT, WENN MAN IHN ERWISCHT...
ICH KANN DICH DIE PROBEN NICHT ZERSTÖREN LASSEN...

... RAMSEY!
STELL DAS WIEDER HIN. NIEMAND MUSS ZU SCHADEN KOMMEN.
EINEN TRIFFT'S *IMMER*, FLASH.

AAAHH!
WAS... MACHST DU DA MIT MIR?
ICH HÄTTE DEN JOB EWIG MACHEN KÖNNEN. ICH BIN GERN GERICHTS-MEDIZINER.
ABER WENN MAN JEDEN TAG HIER UNTEN BEI DEN TOTEN IST, ER-KENNT MAN...
... EWIGKEIT IST NUR EIN *HIRNGESPINST*.
JEDE LEICHE, DIE ICH IM NAMEN DER JUSTIZ AUFSCHNEIDE HAT MIR BEWUSST GEMACHT, WIE VERLETZLICH DAS LEBEN IST.
ABER *ICH*...
... *NICHT* MEHR.
ICH BIN UNVERWUNDBAR.
ICH BLUTE *NIE MEHR*.
WAS HAST... DU GETAN?

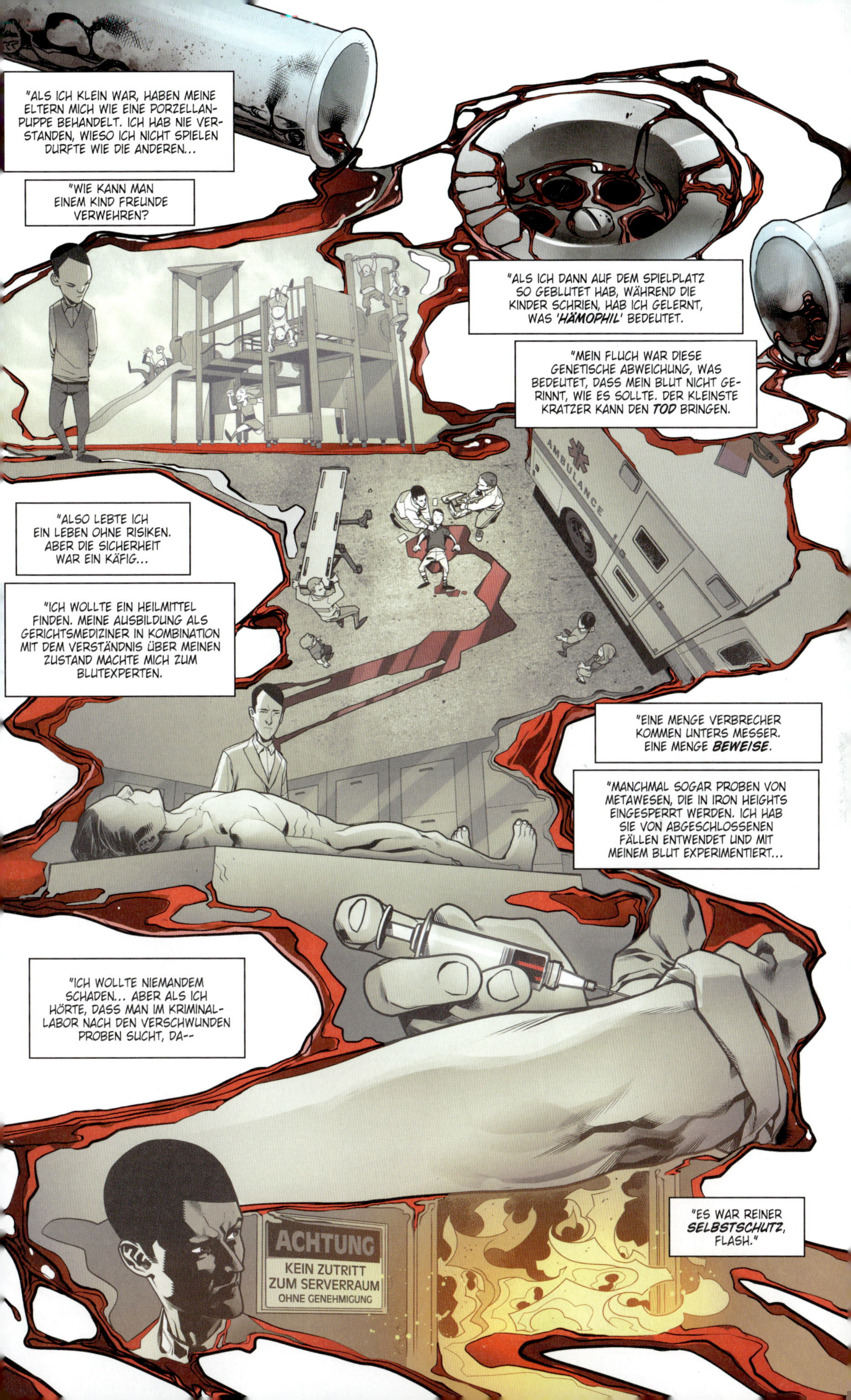
"ALS ICH KLEIN WAR, HABEN MEINE ELTERN MICH WIE EINE PORZELLAN-PUPPE BEHANDELT. ICH HAB NIE VERSTANDEN, WIESO ICH NICHT SPIELEN DURFTE WIE DIE ANDEREN...
"WIE KANN MAN EINEM KIND FREUNDE VERWEHREN?
"ALS ICH DANN AUF DEM SPIELPLATZ SO GEBLUTET HAB, WÄHREND DIE KINDER SCHRIEN, HAB ICH GELERNT, WAS *'HÄMOPHIL'* BEDEUTET.
"MEIN FLUCH WAR DIESE GENETISCHE ABWEICHUNG, WAS BEDEUTET, DASS MEIN BLUT NICHT GERINNT, WIE ES SOLLTE. DER KLEINSTE KRATZER KANN DEN ***TOD*** BRINGEN.
AMBULANCE
"ALSO LEBTE ICH EIN LEBEN OHNE RISIKEN. ABER DIE SICHERHEIT WAR EIN KÄFIG...
"ICH WOLLTE EIN HEILMITTEL FINDEN. MEINE AUSBILDUNG ALS GERICHTSMEDIZINER IN KOMBINATION MIT DEM VERSTÄNDNIS ÜBER MEINEN ZUSTAND MACHTE MICH ZUM BLUTEXPERTEN.
"EINE MENGE VERBRECHER KOMMEN UNTERS MESSER. EINE MENGE ***BEWEISE***.
"MANCHMAL SOGAR PROBEN VON METAWESEN, DIE IN IRON HEIGHTS EINGESPERRT WERDEN. ICH HAB SIE VON ABGESCHLOSSENEN FÄLLEN ENTWENDET UND MIT MEINEM BLUT EXPERIMENTIERT...
"ICH WOLLTE NIEMANDEM SCHADEN... ABER ALS ICH HÖRTE, DASS MAN IM KRIMINAL-LABOR NACH DEN VERSCHWUNDEN PROBEN SUCHT, DA--
ACHTUNG
KEIN ZUTRITT ZUM SERVERRAUM
OHNE GENEHMIGUNG
"ES WAR REINER ***SELBSTSCHUTZ***, FLASH."

UND DAS WAR'S WERT.
ICH BIN GEHEILT.
WIE DU GERADE MERKST... GAB ES EIN PAAR NEBEN-EFFEKTE.
ICH KANN DAS BLUT ANDERER GERINNEN LASSEN.
ES ER-HITZEN.
ALSO DAS IST MIR IM ARCHIV PASSIERT. ICH BIN NICHT VOR ERSCHÖPFUNG ZUSAM-MENGEBROCHEN. RAMSEY HAT MICH ANGEGRIFFEN!
HÖR AUF!
DU TUST MIR NICHTS, FLASH.
WENN DU BE-SCHEID WEISST, DANN WOHL AUCH DIE COPS.
ICH WERD'S LIEBER BE-ENDEN. ERST TÖTE ICH DICH...
... DANN ALLE ANDEREN IM DEPART-MENT.
NEIN!

KRAKA-
BOOOM

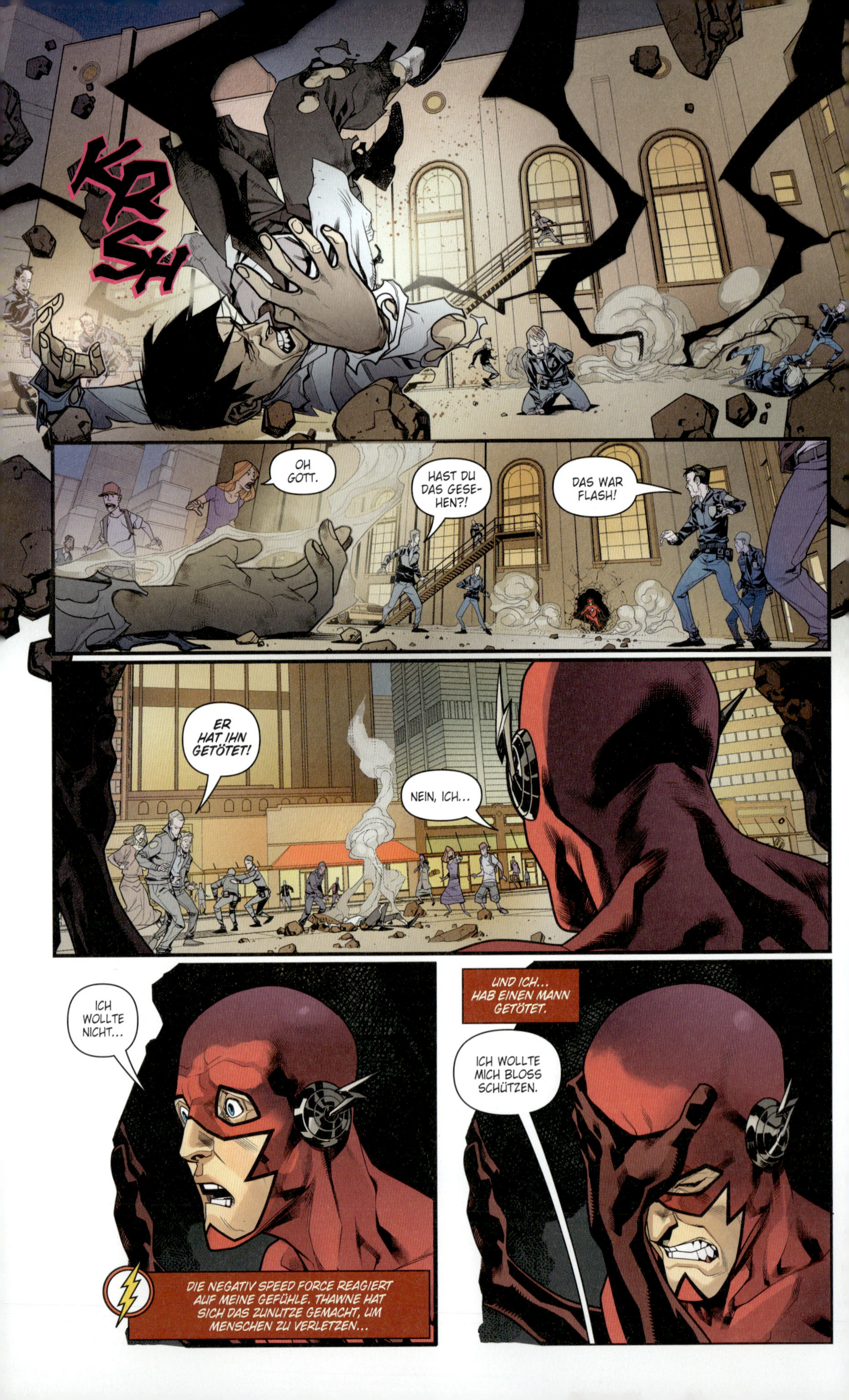
KRSH
OH GOTT.
HAST DU DAS GESEHEN?!
DAS WAR FLASH!
ER HAT IHN GETÖTET!
NEIN, ICH...
ICH WOLLTE NICHT...
DIE NEGATIV SPEED FORCE REAGIERT AUF MEINE GEFÜHLE. THAWNE HAT SICH DAS ZUNUTZE GEMACHT, UM MENSCHEN ZU VERLETZEN...
UND ICH... HAB EINEN MANN GETÖTET.
ICH WOLLTE MICH BLOSS SCHÜTZEN.

ABER ICH HÄTTE ES GETEILT, FLASH.
MEINE EXPERIMENTE HÄTTEN LEUTEN WIE MIR HELFEN KÖNNEN.
ABER DU MACHST DAS ***ZUNICHTE***.
RAMSEY...
JETZT WEISS ICH, DASS ICH ***WIRKLICH*** UNVERWUNDBAR BIN.
DANKE FÜR DEN ***TEST***, FLASH.
TJA, ICH LEBE LANG GENUG IN CENTRAL CITY... ICH WEISS, DASS JEDER DEINER FEINDE EINEN NAMEN TRÄGT, DER SEINEN SPEZIELLEN KRÄFTEN ENTSPRICHT, NICHT WAHR?
ICH FIND'S EIN WENIG PLUMP, ABER ***LUSTIG***.
CAPTAIN COLD. HEAT WAVE. WEATHER WIZARD. MIRROR MASTER.
WIE SOLL ICH MICH NENNEN...?
DU BIST KEIN ROGUE, RAMSEY.
ZURÜCK!

AH!
DU INFIZIERST CENTRAL CITY!
ICH BIN DER ANTIKÖRPER, DER DICH ENTFERNT!
ICH HAB IN DEN NACHRICHTEN GESEHEN, WELCHE VERWÜSTUNG DU ANRICHTEST.
UND DASS DU MIT SHRAPNEL DIESE BIKER GETÖTET HAST.
DAS WAR GANZ ANDERS!
ICH WILL DICH NICHT VERLETZEN, RAMSEY!
ICH WERDE NICHT DEIN OPFER, FLASH!

BLOODWORK MACHT DICH ZU SEINEM!

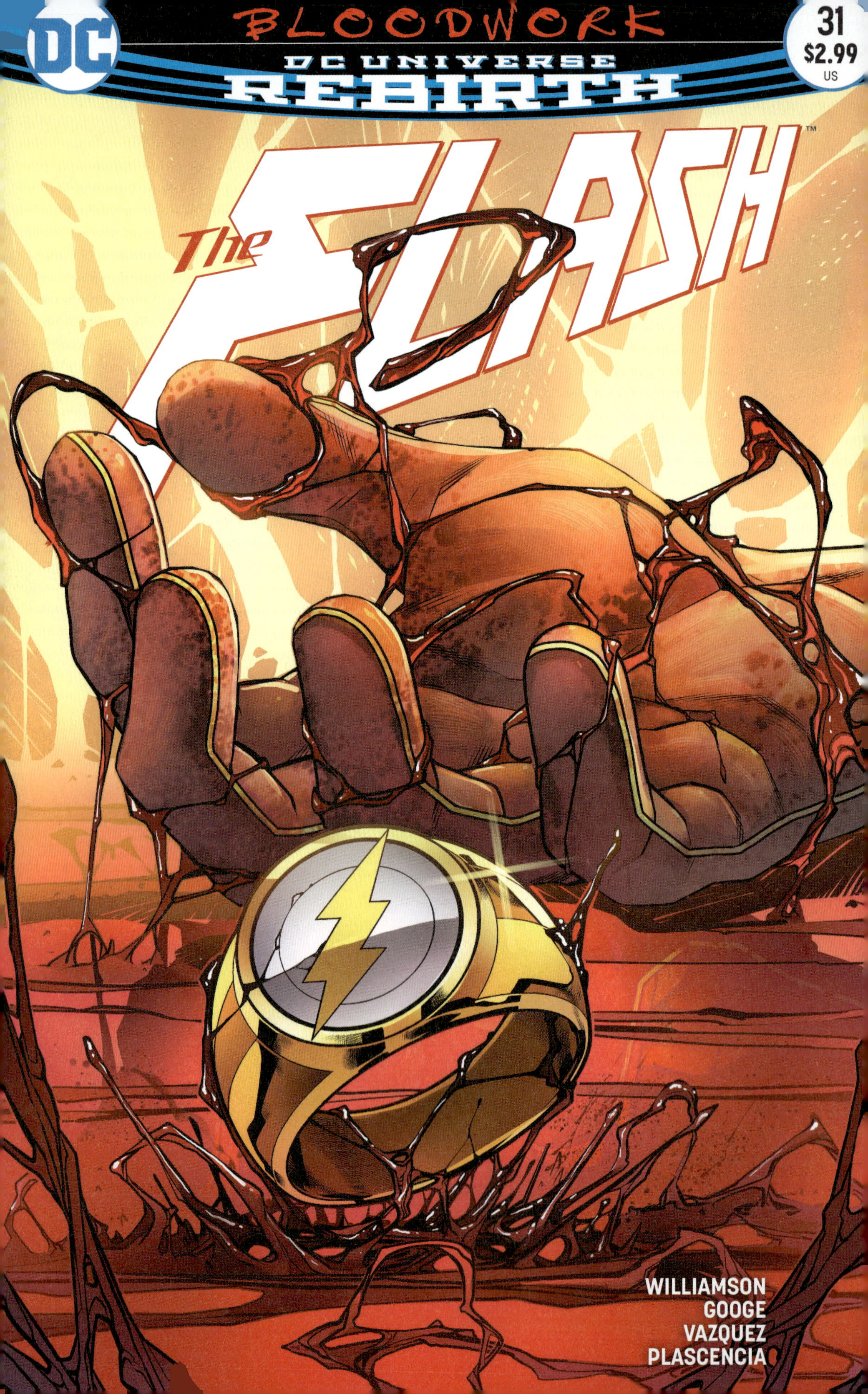
BLOODWORK
DC
31
$2.99
US
DC UNIVERSE
REBIRTH
The FLASH
WILLIAMSON
GOOGE
VAZQUEZ
PLASCENCIA

BLUTPROBEN
FINALE
JOSHUA WILLIAMSON STORY
NEIL GOOGE & GUS VAZQUEZ ZEICHNUNGEN
IVAN PLASCENCIA FARBEN
JÖRG FASSBENDER ÜBERSETZUNG
WALPROJECT LETTERING
REBECCA TAYLOR &
BRIAN CUNNINGHAM US-REDAKTION
WIR MÜSSEN RAUS AUS CENTRAL CITY!
LAUF WEITER, JUNGE!
DAD, ES HAT MICH!

ICH HEISSE BARRY ALLEN UND BIN FLASH.
HÖR AUF DEINE ELTERN, JUNGE!
NICHT STEHEN BLEIBEN!
GEFÄHRLICH.
SOBALD MEINE NEGATIVBLITZE SIE TREFFEN, ZERPLATZEN DIESE "ADERN"...
BOOM
ABER AUCH MEINE KRÄFTE SIND EINE GEFAHR FÜR DIE STADT!
BOOM

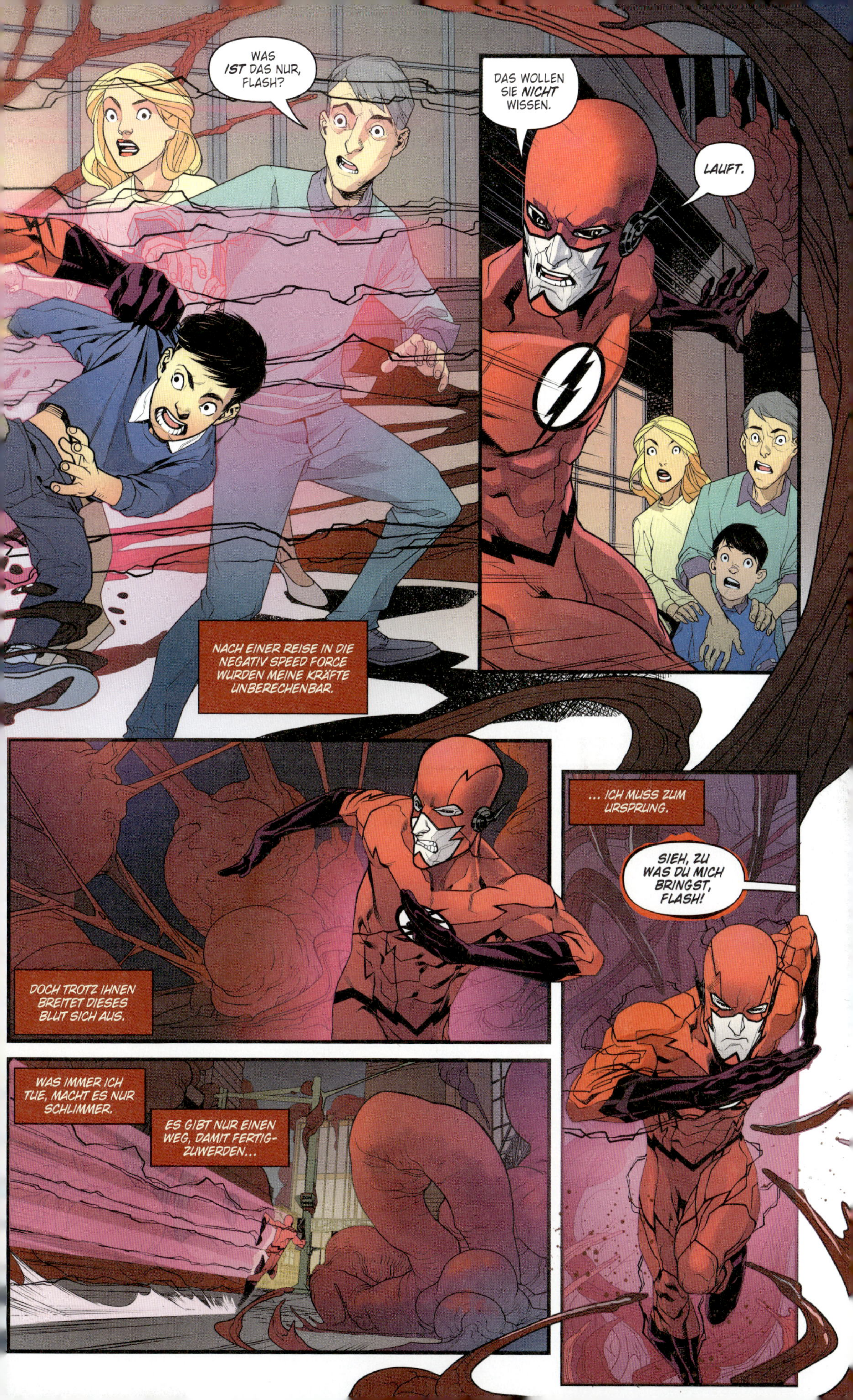
WAS IST DAS NUR, FLASH?
DAS WOLLEN SIE NICHT WISSEN.
LAUFT.
NACH EINER REISE IN DIE NEGATIV SPEED FORCE WURDEN MEINE KRÄFTE UNBERECHENBAR.
DOCH TROTZ IHNEN BREITET DIESES BLUT SICH AUS.
WAS IMMER ICH TUE, MACHT ES NUR SCHLIMMER.
ES GIBT NUR EINEN WEG, DAMIT FERTIG-ZUWERDEN...
... ICH MUSS ZUM URSPRUNG.
SIEH, ZU WAS DU MICH BRINGST, FLASH!

ICH WOLLTE MICH NUR SCHÜTZEN.
BEVOR ER ZU BLOODWORK WURDE, WAR RAMSEY ROSSO EIN NETTER, FREUNDLICHER GERICHTSMEDIZINER.
ABER VOR EIN PAAR MINUTEN HAB ICH IHN ERTAPPT, WIE ER WEITERE BLUTPROBEN STEHLEN WOLLTE. DAMIT HAT ER AN SICH HERUMEXPERIMENTIERT, UM SEINE HÄMOPHILIE ZU HEILEN.
UND DABEI GAB'S NEBENEFFEKTE.
DU WIRST MIR NICHTS TUN!

WEISST DU, WIE'S IST, WENN DEIN EIGENER KÖRPER DICH IM STICH LÄSST?!
IN ANGST ZU LEBEN, DASS DIE GERINGSTE VERLETZUNG DEIN LEBEN BEENDET?
ANDERE ANZUGREIFEN...
... HILFT DIR NICHT!
KRAKRAAKA
KRAKRAAKA
KRAKRAAKA
KRAKRAAKA
MIT JEDEM DEINER BLITZE WERDE ICH STÄRKER, FLASH!
ICH WILL NICHT GEGEN DICH KÄMPFEN.
WARUM GREIFST DU DANN...
... WEITER AN?!
AAAAHHHHH!!!

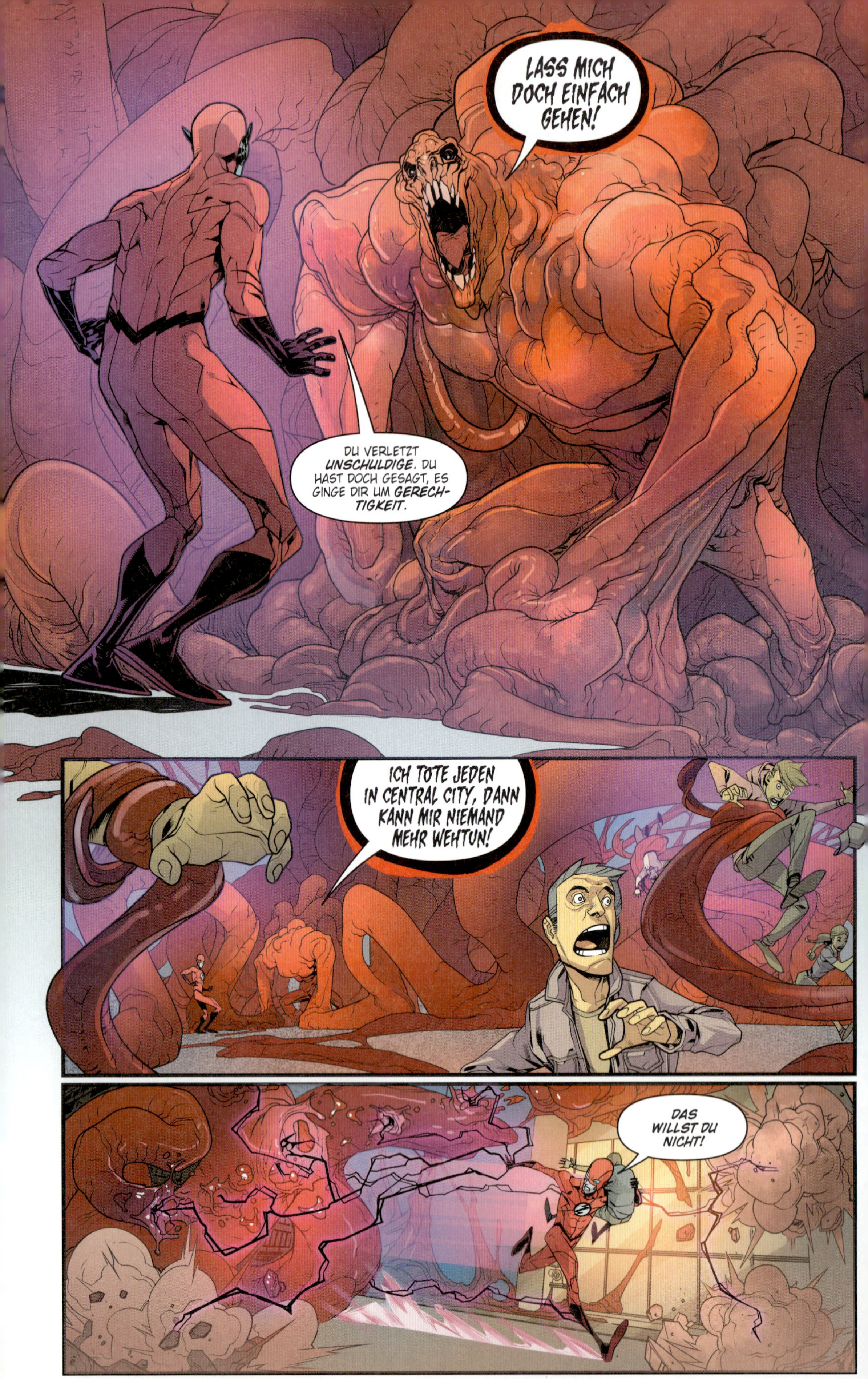
LASS MICH DOCH EINFACH GEHEN!
DU VERLETZT *UNSCHULDIGE*. DU HAST DOCH GESAGT, ES GINGE DIR UM *GERECHTIGKEIT*.
ICH TÖTE JEDEN IN CENTRAL CITY, DANN KANN MIR NIEMAND MEHR WEHTUN!
DAS WILLST DU NICHT!

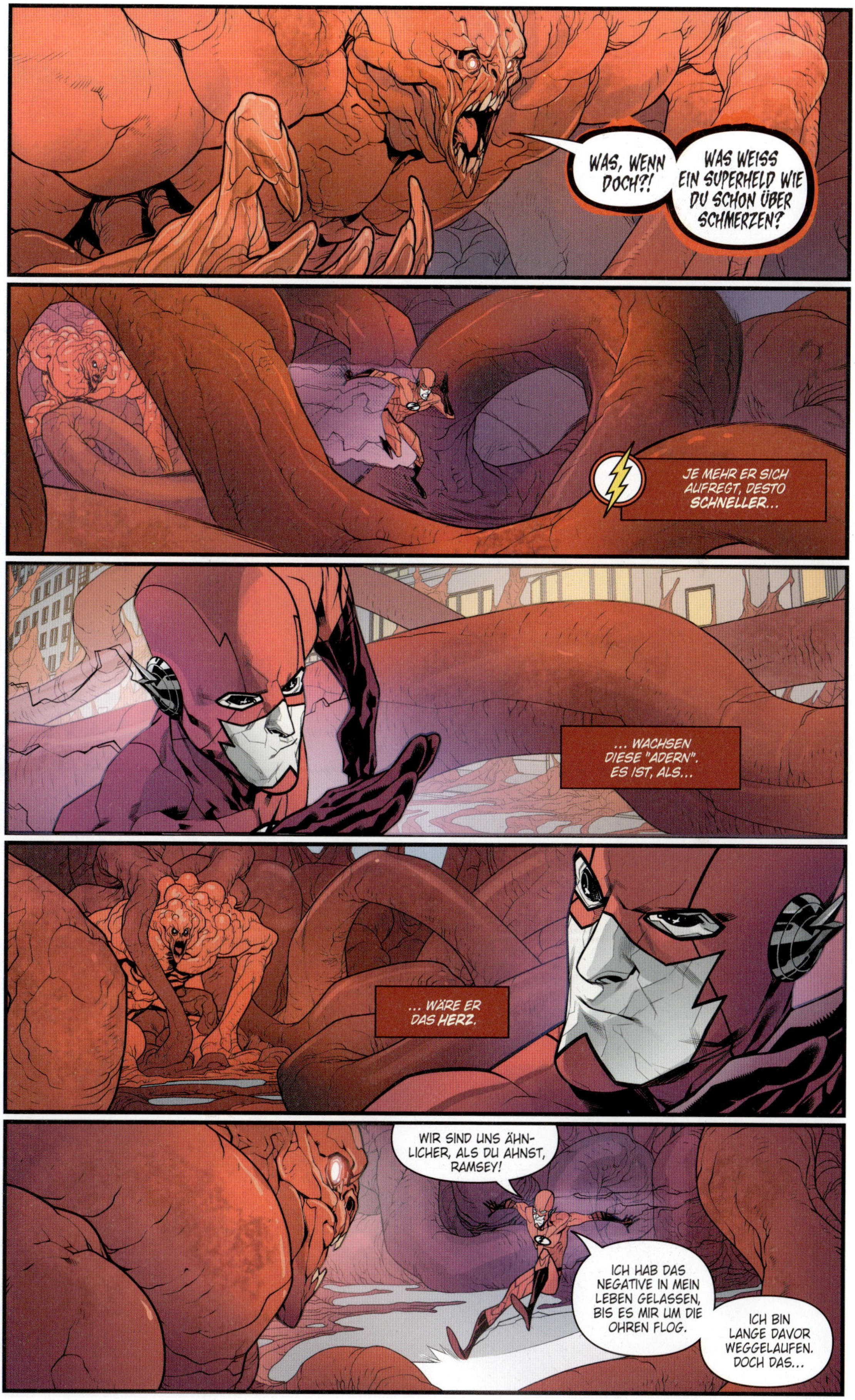

WAS, WENN DOCH?!
WAS WEISS EIN SUPERHELD WIE DU SCHON ÜBER SCHMERZEN?
JE MEHR ER SICH AUFREGT, DESTO SCHNELLER...
... WACHSEN DIESE "ADERN". ES IST, ALS...
... WÄRE ER DAS HERZ.
WIR SIND UNS ÄHNLICHER, ALS DU AHNST, RAMSEY!
ICH HAB DAS NEGATIVE IN MEIN LEBEN GELASSEN, BIS ES MIR UM DIE OHREN FLOG.
ICH BIN LANGE DAVOR WEGGELAUFEN. DOCH DAS...

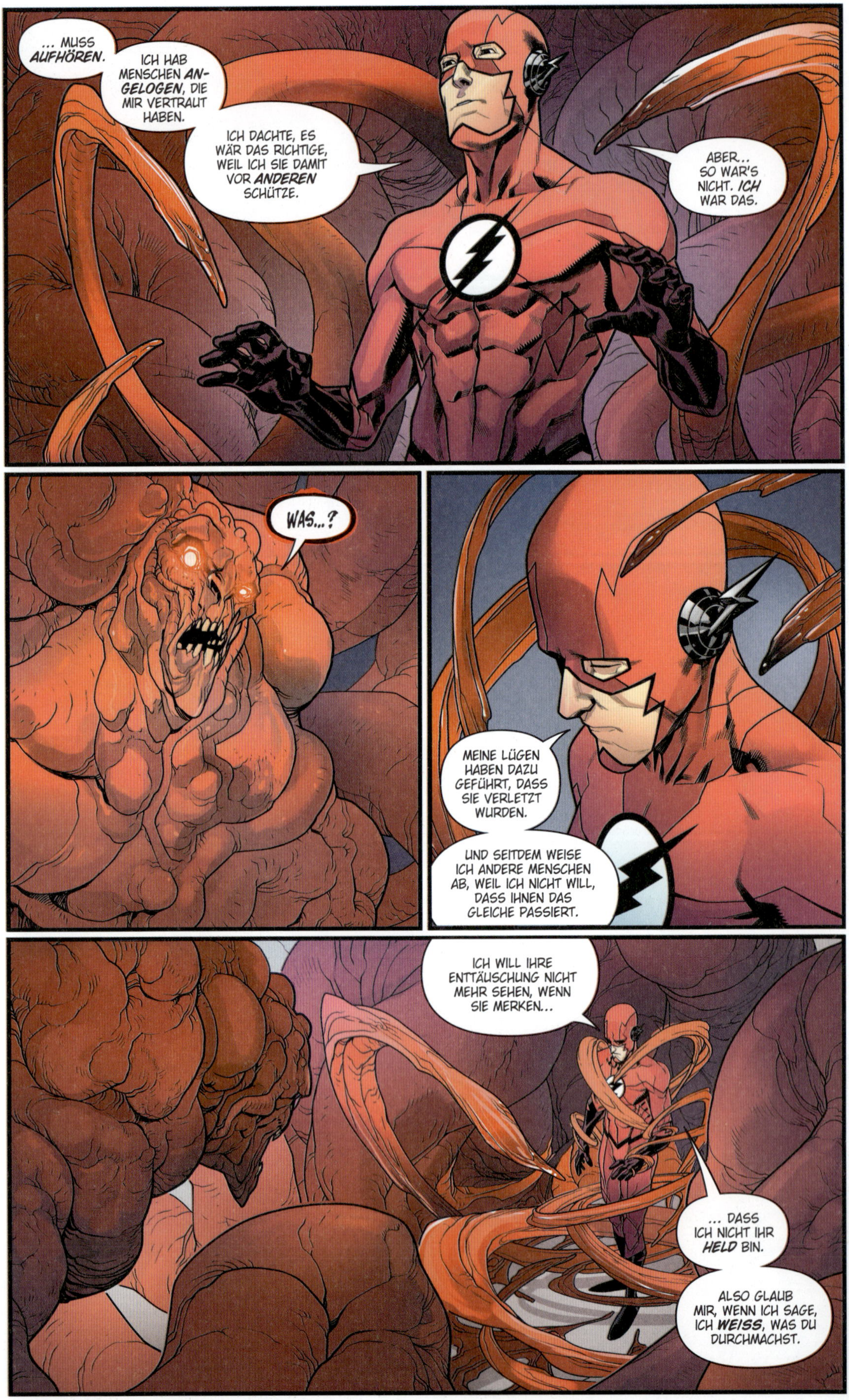
... MUSS AUFHÖREN.
ICH HAB MENSCHEN ANGELOGEN, DIE MIR VERTRAUT HABEN.
ICH DACHTE, ES WÄR DAS RICHTIGE, WEIL ICH SIE DAMIT VOR ANDEREN SCHÜTZE.
ABER.. SO WAR'S NICHT. ICH WAR DAS.
WAS...?
MEINE LÜGEN HABEN DAZU GEFÜHRT, DASS SIE VERLETZT WURDEN.
UND SEITDEM WEISE ICH ANDERE MENSCHEN AB, WEIL ICH NICHT WILL, DASS IHNEN DAS GLEICHE PASSIERT.
ICH WILL IHRE ENTTÄUSCHUNG NICHT MEHR SEHEN, WENN SIE MERKEN...
... DASS ICH NICHT IHR HELD BIN.
ALSO GLAUB MIR, WENN ICH SAGE, ICH WEISS, WAS DU DURCHMACHST.

WIESO SOLLTE ICH DIR TRAUEN?
DAS ALLES, WAS DU GESAGT HAST...
ICH WEIGERE MICH ZU GLAUBEN, DASS DU JEMAND ANDEREM DEINEN SCHMERZ WÜNSCHST.
DU HAST ES SELBST GESAGT... ICH HAB ANDERE VERLETZT.
WAS KANN ICH TUN?
WIR TUN ES ZUSAMMEN.
ICH TUE ALLES, UM DIR ZU HELFEN.
WIRKLICH?
JA...

... WENN DAS HIER VORBEI IST!

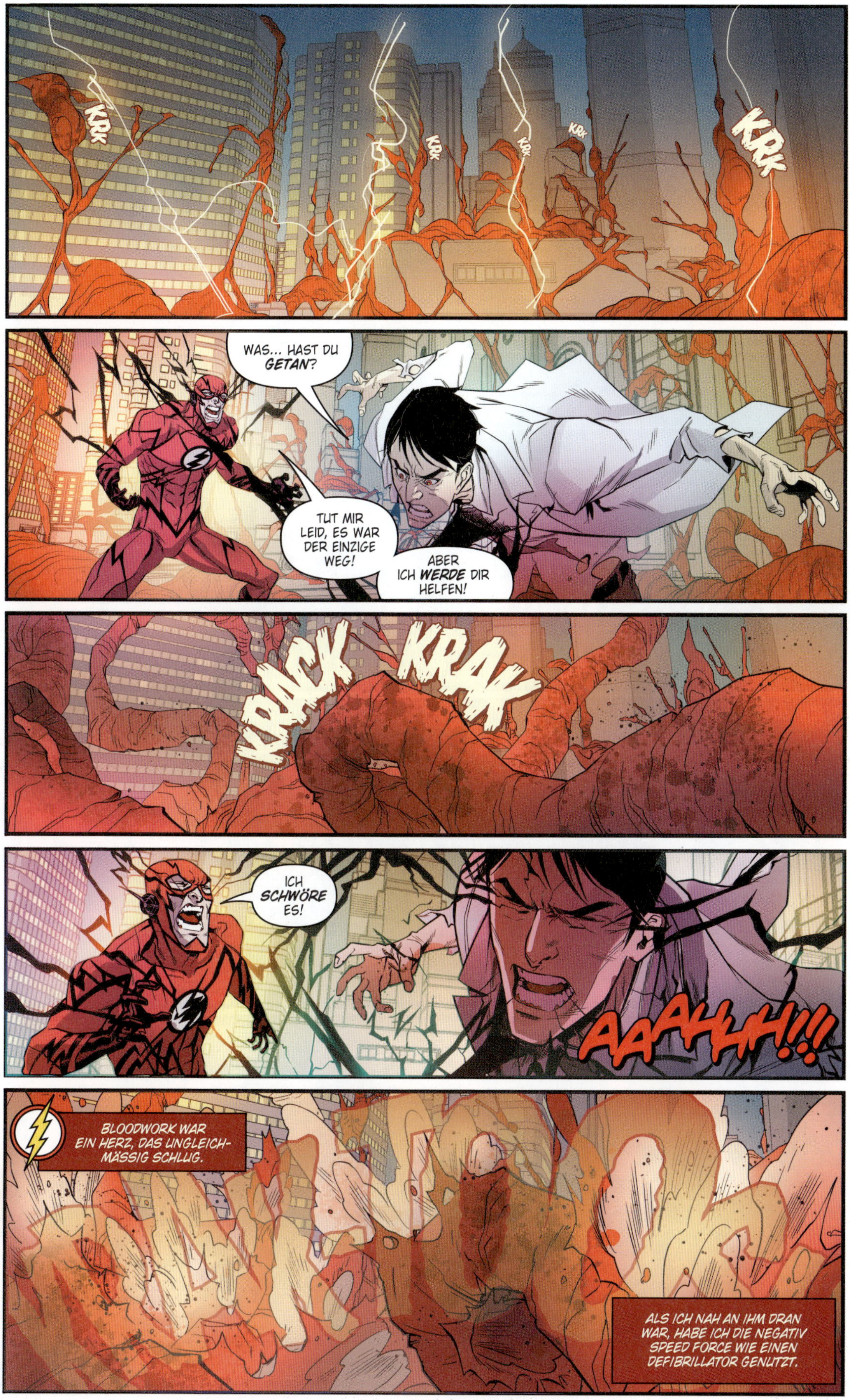
KRK
KRK
KRK
KRK
KRK
WAS... HAST DU GETAN?
TUT MIR LEID, ES WAR DER EINZIGE WEG!
ABER ICH WERDE DIR HELFEN!
KRACK
KRAK
ICH SCHWÖRE ES!
AAAHHH!!!
BLOODWORK WAR EIN HERZ, DAS UNGLEICH-MÄSSIG SCHLUG.
ALS ICH NAH AN IHM DRAN WAR, HABE ICH DIE NEGATIV SPEED FORCE WIE EINEN DEFIBRILLATOR GENUTZT.

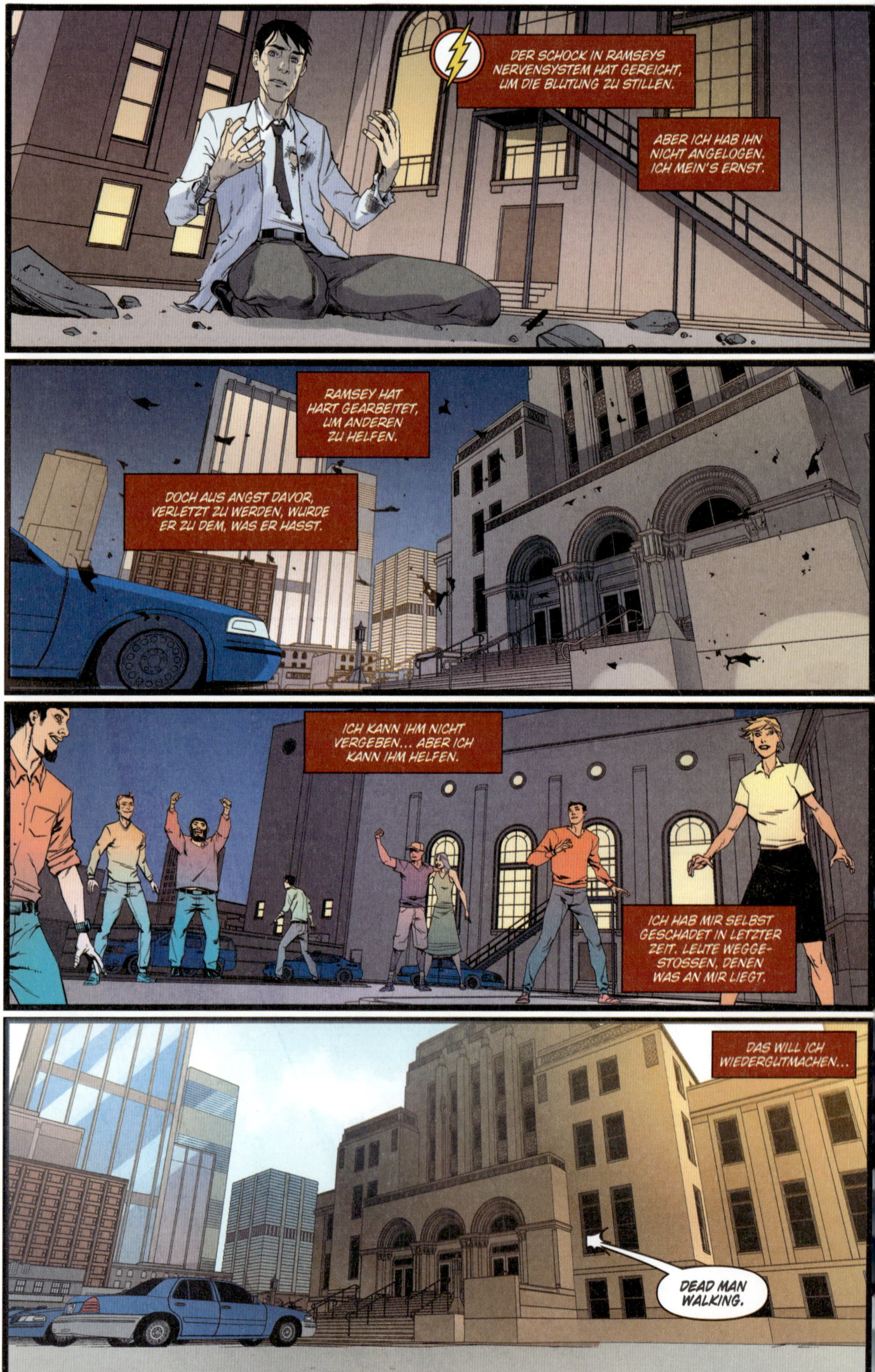
DER SCHOCK IN RAMSEYS NERVENSYSTEM HAT GEREICHT, UM DIE BLUTUNG ZU STILLEN.
ABER ICH HAB IHN NICHT ANGELOGEN. ICH MEIN'S ERNST.
RAMSEY HAT HART GEARBEITET, UM ANDEREN ZU HELFEN.
DOCH AUS ANGST DAVOR, VERLETZT ZU WERDEN, WURDE ER ZU DEM, WAS ER HASST.
ICH KANN IHM NICHT VERGEBEN... ABER ICH KANN IHM HELFEN.
ICH HAB MIR SELBST GESCHADET IN LETZTER ZEIT. LEUTE WEGGE-STOSSEN, DENEN WAS AN MIR LIEGT.
DAS WILL ICH WIEDERGUTMACHEN...
DEAD MAN WALKING.

WARUM LACHST DU NICHT? IST DOCH ECHTER GALGENHUMOR.
ABER ICH HAB NICHTS GETAN!
KLAPPE, RAMSEY.
RAMSEY, WIR WISSEN, DASS DU DIE PROBEN AUS ALTEN FÄLLEN GESTOHLEN HAST, UM DICH ZU HEILEN.
ZUM GLÜCK WURDE NIEMAND GETÖTET, ALS DU BLOODWORK WARST. WENN DU UNS HILFST, DANN--
MOMENT, WAS...
... IST MIT BEWEISEN?
WAS?
FLASH HAT DIE GERICHTSMEDIZIN BEIM KAMPF MIT DIESEM... MONSTER ZERSTÖRT.
ICH WAR EIN UNSCHULDIGER ZUSCHAUER BEI DEM KAMPF...
FLASH HAT MICH IN DIE SACHE VERWICKELT...
BARRY... ICH WEISS, DU HAST 'NE SCHWERE ZEIT... UND DU BIST UNZUVERLÄSSIG GEWORDEN.
ABER MICH OHNE BEWEISE DERART ZU BESCHULDIGEN... DAS SOLLTE EIN MITGLIED DES KRIMINALLABORS NICHT TUN.
RAMSEY HAT RECHT, BARRY. WENN'S KEINE BEWEISE GIBT...
... MÜSSEN WIR IHN LAUFEN LASSEN.
DANKE, DIREKTOR SINGH.
NEHMT IHR MIR BITTE DIE HANDSCHELLEN AB?
SINGH, ICH--

HALT.
RAMSEY HÄLT SICH FÜR SEHR CLEVER...
ER HAT DIE AKTEN ZWAR VERBRANNT, ABER BEI DEN ELEKTRONISCHEN FILES HAT ER SEINEN DIGITALEN FINGERABDRUCK HINTERLASSEN.
AUF DIESE WEISE SIND DIE ALTEN FÄLLE NICHT VERLOREN, UND WIR HABEN MEHR ALS GENUG FÜR EINE FESTNAHME.
MIT BARRYS HILFE?
JA. ALLES...
... TEAM-ARBEIT.
DU DARFST MICH NICHT MEHR DECKEN, KRISTEN.
ICH BIN MAL WIEDER ABGE-HAUEN. KRISTEN HAT DEN FALL ALLEIN GELÖST.
HM...
SCHENK DER KAMERA EIN LÄCHELN, RAMSEY.
NEIIIN!
IN MEIN BÜRO. JETZT.
ALLE BEIDE.

KRISTEN... DANKE. DU HAST DEN RUF DES GESAMTEN LABORS GERETTET. UNS *ALLE*.
ES WAREN *HUNDERTE* FÄLLE IN GEFAHR.
NUN ZU *DIR*, BARRY...
ICH WAR ZU BESCHÄFTIGT DAMIT, BLOODWORK AUFZUHALTEN, UM MEINE ARBEIT ZU TUN. DAS KÖNNTE ICH SINGH SAGEN...
ICH HAB MIST GEBAUT. UND WAS ICH *GESAGT* HAB... DAFÜR STEH ICH GRADE.
AB SOFORT WERD ICH MICH BESSERN. HÄRTER ARBEITEN.
ICH KOMM NIE MEHR ZU SP--
BARRY...
DAS GEHT SO NICHT WEITER.
ICH BIN SELBST SCHULD. ICH WOLLTE DICH ERZIEHEN UND HÄTTE *STRENGER* SEIN MÜSSEN.
ICH MUSS DICH VERSETZEN, BARRY. DU WIRST IMMER NOCH IN CENTRAL CITY ARBEITEN, ABER NICHT MEHR IN UNSEREM LABOR.
WAS...?
ZU DEINEM GLÜCK GAB'S WOANDERS EINE FREIE STELLE.
WOLFE MEINT, SIE BRÄUCHTEN JEMANDEN FÜR IHRE TATORT-SPURENSICHERUNG.
OH NEIN...
WOLFE...?
GENAU. DU WIRST VERSETZT, UND ZWAR IN DIE...

"... STRAFANSTALT IRON HEIGHTS."
SINGH. ICH WEISS, ICH--
UND KRISTEN GEHT MIT DIR.
WAS?!
WIESO?
WEIL ES... EINFACH NÖTIG IST.
SIEH ES ALS CHANCE.
KRISTEN!
WARTE!
ES TUT MIR--
ICH WÜRDE GERN DER NEGATIV SPEED FORCE DIE SCHULD GEBEN...

... ABER ICH WÜRDE MICH BELÜGEN.
ICH HAB MICH NICHT WEGEN DER NEUEN KRÄFTE SO BENOMMEN. DAS WAR IMMER ICH SELBST.
HI, IRIS WEST, CENTRAL CITY CITIZEN. KÖNNEN SIE BESCHREIBEN, WAS PASSIERT IST?
RAAHH-- ES WAR ÜBERALL! WIE EIN GIGANTISCHES BLUTMONSTER!
TOTAL EKELHAFT!
WAS KÖNNEN SIE MIR DARÜBER ERZÄHLEN?
NENNT ES SICH TATSÄCHLICH BLOODWORK?
ICH HAB MICH ZU LANGE SELBST BEMITLEIDET.
MEIN ZORN HAT MEIN LEBEN BESTIMMT... WEGEN DEM, WAS IN DER ZUKUNFT MIT THAWNE UND JETZT MIT IRIS PASSIERT IST.
ICH KÖNNTE MICH BEI IRIS ENT-SCHULDIGEN, ABER TATEN SAGEN MEHR ALS WORTE.
ICH BIN IMMER VOR DER VERGANGENHEIT WEGGE-RANNT, DOCH JETZT WERDE ICH SIE AKZEPTIEREN.
SCHLUSS MIT TRÜBSAL BLASEN.
ICH MUSS WIEDER BARRY ALLEN SEIN. UND FLASH. UND...
... AUCH EIN FREUND.
IRIS WILL DICH NICHT SEHEN!

ICH AUCH NICHT!
WAS WILLST DU HIER, BARRY?
ICH DACHTE, STALKING WAR THAWNES DING.
LANGSAM, KID FLASH.
ICH WILL FRIEDEN...
WARUM SPIONIERST DU IRIS DANN NACH?
WEIL ICH WUSSTE, DASS *DU* IN DER NÄHE BIST.
ICH WILL DIR WAS GEBEN.

ICH VERDIEN IHN NICHT.
DER FLASH-RING...?
BIS ICH LERNE DIE NEGATIV-KRÄFTE, DIE THAWNE MIR VERPASST HAT, ZU KONTROL-LIEREN...
... WERDE ICH NICHT MEHR FLASH SEIN.
WAS IST MIT DEM ANDEREN WALLY? HAT ER NICHT AUCH EIN ANRECHT AUF DEN RING?
HAT ER SCHON.
ABER ER KRIEGT ES AUCH SO HIN. UND ICH SCHULDE IHM KEINE ENTSCHULDIGUNG WIE DIR.
ICH HÄTTE NIE--
BARRY, HÖR AUF, MANN...
AUCH ICH HATTE 'NE SCHWERE ZEIT.*
UND JETZT WIRD MIR KLAR, DASS ES ZUM TEIL AUCH MEINE SCHULD WAR.
ICH HAB DAS GLEICHE GEMACHT, WESWEGEN ICH AUF DICH SAUER WAR.
* IN DEATHSTROKE BAND 5-- JÖRG.
DU GIBST NICHT AUF, UND ICH NEHM NICHT DEN RING.
ALS ICH DIE KRÄFTE BEKAM, HATTE ICH ANGST UND DACHTE, SIE WÄREN GEFÄHRLICH. DU HAST MICH TRAINIERT, UND JETZT...

... BIST DU DRAN.

BATMAN™

von ENRICO MARINI!

Der italienische Autor und Zeichner **Enrico Marini** wurde von den frankobelgischen Meistern wie **Moebius** und **Hermann** ebenso beeinflusst wie von Mangas und Filmen. Nachdem er zahlreiche Alben für den europäischen Markt realisierte, widmet er sich in diesem exklusiven Projekt **Batman**. Das Duell zwischen dem **Dunklen Ritter** und dem **Joker** wird so persönlich wie nie, als der Killer-Clown ein Mädchen entführt…

BATMAN:
DER DUNKLE PRINZ 1 (VON 2)
76 S. - Hardcover - € 16,99
Bereits erhältlich!

BATMAN:
DER DUNKLE PRINZ 2 (VON 2)
76 S. - Hardcover - € 16,99
Ab **26. Juni** erhältlich!

DC

Erhältlich im Comic-Shop, im Buchhandel oder unter www.paninicomics.de

FINDET UNS IM NETZ:
PaniniComicsDE

DARGAUD

TM & © 2018 DC Comics. All Rights Reserved.

PANINI COMICS

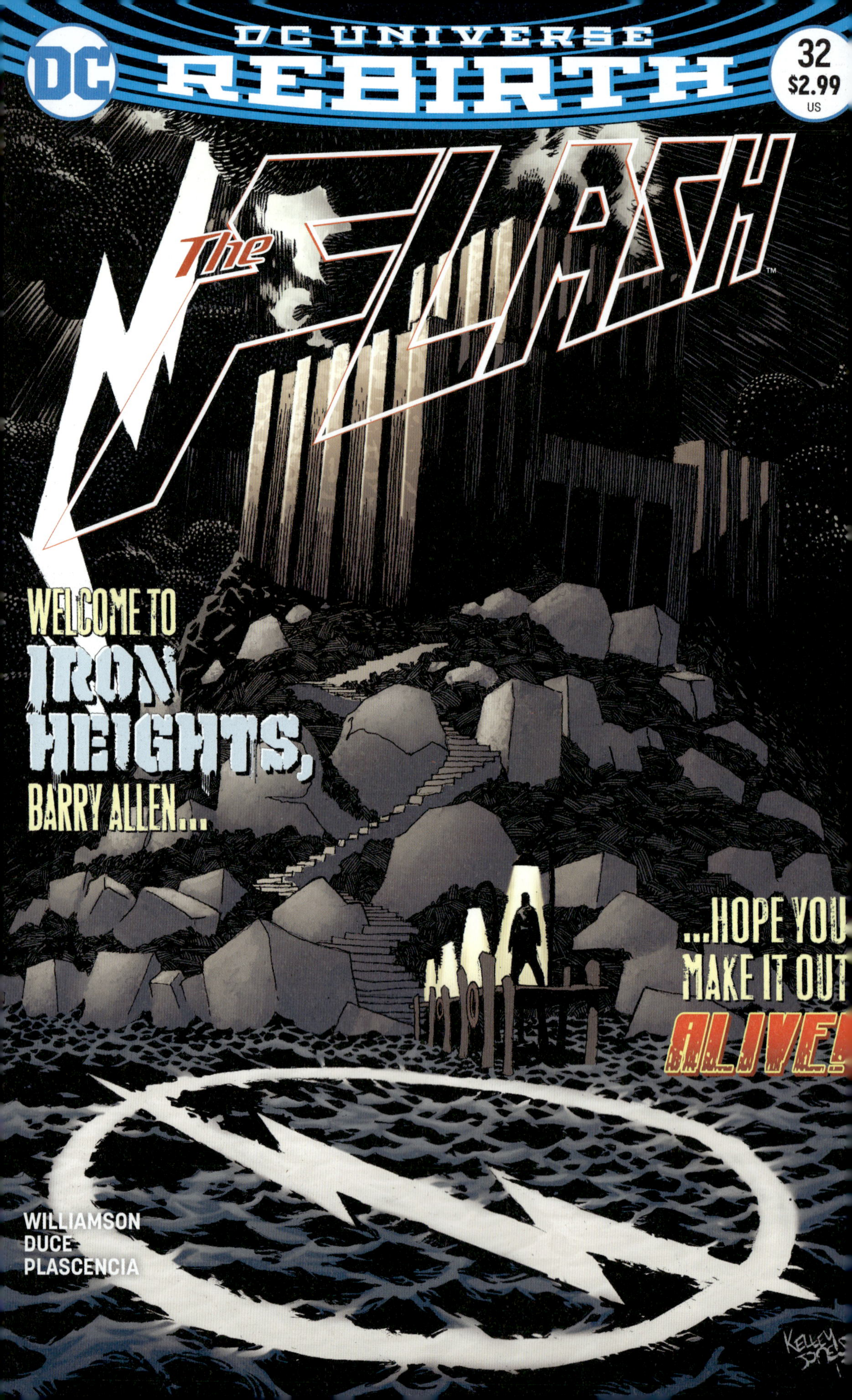
DC UNIVERSE
REBIRTH
32
$2.99
US
The FLASH
WELCOME TO
IRON
HEIGHTS,
BARRY ALLEN...
...HOPE YOU
MAKE IT OUT
ALIVE!
WILLIAMSON
DUCE
PLASCENCIA
KELLEY JONES

LASST DIE FIXEN FREUNDE DURCH!
VOR EIN PAAR WOCHEN HAT DIE NEGATIV SPEED FORCE VON MIR BESITZ ERGRIFFEN. MEINE KRÄFTE WURDEN DESTRUKTIV.
ICH WOLLTE SCHON AUFHÖREN, ABER KID FLASH HAT ANGEBOTEN, MICH ZU TRAINIEREN. ER WILL MIR MIT DEN NEUEN KRÄFTEN HELFEN.
NACH DEM SPEED FORCE-STURM HABEN MEENA UND ICH RAUSGEFUNDEN, DASS SPEEDSTER IHRE KRÄFTE VERBINDEN KÖNNEN, WENN SIE SICH NAH SIND.

BOOM BOOM BOOM
FLASH?!
BOOM BOOM BOOM
WIESO GIBT'S IN JEDER STADT VERDAMMTE *MASKEN*?
WENN ICH JETZT MIT WALLY LAUFE, VEREINEN SICH UNSERE SPEED FORCES, UND DAS NEUTRALISIERT DIE NEGATIV FORCE.
IM ERNST, BLACK SPIDER-- SO FRÜH AN 'NEM WERKTAG SCHON EIN ÜBERFALL?
DIE LEUTE HATTEN NOCH NICHT MAL IHREN *KAFFEE*.
ALSO KOMM, FLASH. WEGEN *DIR* BIN ICH NICHT MAL HIER.
MAN HAT MIR GESAGT, DAS HIER SEI SCHNELLES GELD. ZWEI TYPEN HELFEN, DIE DIAMANTEN ZU KLAUEN!
UND ICH *LIEBE* GELD...
SO KANN ICH DIE SPEED FORCE STUDIEREN...

... ABER ICH LASS MICH NICHT EIN- BUCHTEN!
KRAKAKAKAKA
AHHH!
WÄHREND DES KAMPFS MIT BLOODWORK WURDE MEINE NEGATIV SPEED FORCE VON MEINEN GEFÜHLEN GESTEUERT. GELASSEN BLEIBEN HEISST, ICH KANN'S KONTROLLIEREN...
... ABER ES BLEIBT CHAOTISCH.
HEY, FLASH, GUCK MAL!
ICH NUTZ DIE ENERGIE DER STEINE...
... UND DER KUGELN, BEVOR DIESE SCHIESSWÜTIGEN TROTTEL...
ABER ES IST NICHT NUR WEGEN DER NEGATIV SPEED FORCE... WALLY BRINGT...

KRAK
KRAK
... MERKEN, WAS LOS IST!
... MICH ZUM LACHEN.
HAT ROBIN MIR BEIGEBRACHT, BEVOR ER MICH BEI DEN TEEN TITANS RAUSGEWORFEN HAT.
ICH BIN MIR NICHT SICHER, WAS ICH DAVON HALTEN SOLL, DASS DER DIR WAS BEIBRINGT.
TSS.
MEINE DIAMANTEN!
SIE SIND ÜBERALL VERSTREUT!
UND ES SIND UNZÄHLIGE--
FFFFTTTTTT
GENAU EINHUNDERTZEHN-- FÜR SIE, SIR.
DANKE SEHR, JUNGER MANN!
GIB NICHT SO AN, KID FLASH.

WIR SOLLTEN DEN POLIZISTEN NICHT IM WEG STEHEN!
DAS WAR DOCH GUTES TRAINING. VIEL BESSER ALS BEI STAR LABS.
DU HAST BLACK SPIDER ORDENTLICH WAS VERPASST, UND DIE NEGATIV FORCE HAT NICHTS ANGERICHTET!
MIT DEINER HILFE, WALLY.
WAS DU VORHIN ERWÄHNT HAST... DASS ROBIN DICH BEI DEN TEEN TITANS RAUSGEWORFEN HAT--
KÖNNEN WIR DAS LASSEN, BARRY?
WALLY, WIR SIND FREUNDE, WIR SOLLTEN DOCH--
ACH JA? WARUM KRIEGST DU'S DANN JETZT ERST MIT?
ER IST DER SOHN DEINES BESTEN FREUNDES. WEISST DU, WAS ER DEM ANDEREN WALLY ANGETAN HAT?*
WALLY, ICH--
* EBENFALLS IN DEATHSTROKE 5!
EGAL. ICH HAB IRIS ERZÄHLT, DASS ICH DIR HELFE. ICH WOLLTE SIE NICHT ANLÜGEN.
ICH DARF NUR NICHT ZU SPÄT ZUR SCHULE KOMMEN.
IRIS HAT REVERSE-FLASH VOR MEINEN AUGEN GETÖTET. WIR HABEN SEITDEM NICHT MEHR MITEINANDER GEREDET. ICH WILL SIE FRAGEN, WIE'S IHR GEHT, ABER...
OKAY... WIR SIND BEIDE SPÄT DRAN, ALSO...
BIS BALD.
ALS FLASH UND KID FLASH SIND WIR BESSER ALS BARRY UND WALLY...
OKAY, HAB 'NEN SCHÖNEN TAG.
... ABER DARÜBER KANN ICH JETZT NICHT NACHDENKEN. ICH MUSS ZU MEINEM JOB...

Strafanstalt Iron Heights
UM 1950 GAB'S AUF DER INSEL EIN MILITÄRKRANKENHAUS. EINES NACHTS BRACH EIN SCHRECKLICHES FEUER AUS.
HUNDERTE VON PATIENTEN UND ANGESTELLTE WAREN DORT GEFANGEN, UND DAS KRANKENHAUS BRANNTE VÖLLIG NIEDER.
AUS DER INSEL MACHTE MAN DAMALS EINES DER SICHERSTEN GEFÄNGNISSE DER WELT. SEITDEM WURDE ES SO BERÜCHTIGT WIE DAS BELLE REVE.
RICHTER BATES HAT MAL GESAGT, DASS EINE HAFTSTRAFE IM IRON HEIGHTS SCHLIMMER SEI ALS DER TOD...
ES IST DIE HÖLLE.
ES WÄR SCHLIMMER, WENN WIR IN 'NE ZELLE GESPERRT WÜRDEN, KRISTEN.

WILLKOMMEN IN IRON HEIGHTS
JOSHUA WILLIAMSON STORY
CHRISTIAN DUCE ZEICHNUNGEN
IVAN PLASCENCIA FARBEN
JÖRG FASSBENDER ÜBERSETZUNG
WALPROJECT LETTERING
REBECCA TAYLOR & BRIAN CUNNINGHAM US-REDAKTION
ICH MUSS TROTZDEM MIT DIR ARBEITEN.
HÖR AUF ZU GRINSEN. DAS NERVT.
DU HAST UNS DAS EINGEBROCKT, BARRY-- ALSO MACH KEINE WITZE DARÜBER.
WIR SIND PÜNKTLICH.
DAS MEINEN SIE.

ICH WARTE HIER SEIT ZWEI MINUTEN, MR. ALLEN.
DAS IST DIE ERSTE VERWARNUNG. ZWEI MEHR, UND SIE FLIEGEN BEIM CCPD RAUS.
DIREKTOR SINGH HAT IHNEN SICHER 'NE LANGE LEINE GELASSEN IN SEINEM LABOR. ABER SO LÄUFT'S IN IRON HEIGHTS NICHT.
SPÄT SEIN KANN LEBEN KOSTEN.
ICH HAB 'NEN VOLLEN TERMINKALENDER UND KEINE ZEIT FÜR SIE. ABER ICH MACH MIT ALL MEINEN ANGESTELLTEN EINEN RUNDGANG.
NACH EOBARD THAWNES FLUCHT HAB ICH DIE SICHERHEITSMASS NAHMEN VERSCHÄRFT.
NIEMAND GEHT HIER REIN ODER RAUS OHNE MEIN WISSEN.
WAS IST MIT EINEM WIE FLASH, DIREKTOR WOLFE?
UNMÖGLICH.
TATSÄCHLICH HOFFE ICH, DASS ICH IHN EINES TAGES HIER HABEN WERDE, MISS KRAMER.
WAS?
NACH ALLEM, WAS ER IN CENTRAL CITY ANGERICHTET HAT, HAT ER SICH EINE ZELLE HIER VERDIENT.
HIER IST IHR BÜRO.

DAS--
-- IST EINE ZELLE, JA. EIN ÄLTERES MODELL. NEU EINGERICHTET.
ES DIENT DER SICHERHEIT. AUCH IHRER. IM FALLE EINES... AUFSTANDS.
RECHNEN SIE MIT SO WAS?
IST NICHT *IHRE* SORGE, MR. ALLEN.
SIE SOLLEN NUR ETWAIGE *SPUREN* IN IRON HEIGHTS SICHERN, BIS *RICHTIGE* FORENSIKER EINTREFFEN.
ABER DA DIE HIER SELTEN GEBRAUCHT WERDEN, GLAUBE ICH EHER, DASS SINGH UND DER BÜRGERMEISTER EIN AUGE AUF MICH HABEN WOLLEN. DAS MAG ICH NICHT. ICH WILL UND *BRAUCHE* SIE HIER NICHT.
WIR SIND *NICHT* DESWEGEN HIER.
WISSEN SIE, WIE VIELE HIER IHRE *UNSCHULD* BETEUERN, MISS KRAMER?
ABER WER IMMER HIER REINKOMMT, IST AUCH AUS EINEM *GUTEN GRUND* HIER.
ES GIBT UNRUHE IM HOF, SIR.
AH, SCHÖN. ERLAUBEN SIE MIR, IHNEN ZU ZEIGEN, WIE WIR HIER *FEHLVERHALTEN* HANDHABEN.
KÄMPFT! KÄMPFT! KÄMPFT!

KÄMPFT! KÄMPFT! KÄMPFT! KÄMPFT!
AUGUST...?
SIE HABEN SICHER SCHON VON MICK RORY, DEM PYROMANEN GEHÖRT. DAS ANDERE GESICHT DÜRFTE IHNEN BEKANNT SEIN.
DIE ANDEREN HÄFTLINGE HASSEN OFFICER AUGUST HEART AUFGRUND SEINES FRÜHEREN BERUFS.
UND WEIL FLASH IHN TRAINIERT HAT, IST SEINE ZEIT ALS GODSPEED AUCH NICHT VON VORTEIL.
SIE UNTERBINDEN DEN KAMPF NICHT?
SIE TUN SICH NUR GEGENSEITIG WEH.

FWACK
KRACK
WIE KANNST DU SO SCHNELL WIEDER AUFSTEHEN?
WANN *LERNST* DU'S, HEAT WAVE?
SOGAR MIT DIESEM DÄMLICHEN HALSBAND BIN ICH NOCH SEHR...
... SCHNELL.
BARRY?
THUMP
HM.
PIPELINE, KOMMT IN DEN HOF.
SCHLUSS JETZT.

"DIE NEUSTE VERSTÄRKUNG UNSERES SECURITY-TEAMS.
"SIE SIND NACH DER PIPELINE BENANNT, EINEM ALTEN GEFÄNGNIS-FLÜGEL, DER WÄHREND DER AUF-STÄNDE 2011 ZERSTÖRT WURDE."
NNRR!
LAUFT!
WWMMMMM
WWMMM
"AUFGRUND DER BESONDERS **HARTEN** UND **BRUTALEN** ZUSTÄNDE, HAT ES CENTRAL CITY ABGELEHNT, DEN TRAKT WIEDER AUFZUBAUEN."
ALSO DACHTE ICH, DER NAME SEI FÜR DIE NEUEN WACHEN SEHR PASSEND.

KOMMT, JUNGS... MÜSSEN WIR..
KRAK
... DENN ZANKEN?
SORRY, MICK... ICH HAB GERN DAS LETZTE WORT. MIESE...
... ANGE-WOHNHEIT.
ICH ARBEITE DR--
VVVVRRRR
AAAHH.
PIPELINES SCHALL-DISRUPTOREN SETZEN DIESE BESTIEN OHNE VERLETZUNGEN AUSSER GEFECHT.

"DAS BRINGT SIE ZUR RÄSON. DIE ÜBELSTEN TYPEN DER WELT.
"GING'S NACH MIR, WÜRDEN SIE DIE SONNE *NIE MEHR* SEHEN."
SCHWESTER, FIND MAL RAUS, WIESO *ALLEN* HIER IST.
UND WOHER ER *HEART* KENNT.
KEIN DING.
IST DAS KEIN *TATORT*?
AUGUST HEART UND MICK RORY HATTEN EINE AUSEINANDER-SETZUNG, MEHR *NICHT*.
WIESO TRAGEN DIE ROGUES NOCH KOSTÜME--

NICHT DIESES WORT.
MIR EGAL, WIE DIESE KRIMINELLEN SICH NENNEN.
DAS WORT EXISTIERT IN IRON HEIGHTS NICHT.
ICH ERLAUBE IHNEN, IHRE KOSTÜME ZU TRAGEN, DAMIT SIE STETS WISSEN, WAS SIE WIRKLICH SIND.
SIE KÖNNEN WEDER AUS IRON HEIGHTS ENTKOMMEN... NOCH IHRER VERGANGENHEIT.
ES GIBT HIER WEDER GRUPPENTHERAPIE NOCH BERUFSAUSBILDUNG ODER WINDELWECHSEL.
IST DAS NICHT ETWAS ZU EXTREM?
HABEN SIE MAL WAS VON RESOZIALISIERUNG GEHÖRT?
WENN SIE IHRE STRAFE VERBÜSSEN UND BEREIT SIND, SICH ZU ÄNDERN, VERDIENEN SIE EINE ZWEITE CHANCE.
"DIE HÖLLE IST LEER, DENN ALLE TEUFEL SIND HIER."
SHAKESPEARE.
AUCH ICH HAB DER STURM GELESEN, ABER--
SIE KOMMEN HIER REIN UND ZWEIFELN MEINE METHODEN AN?
SIE WOLLEN NICHT ERLEBEN, WIE WEIT DIESE VERBRECHER DAVON ENTFERNT SIND, SICH ZU ÄNDERN.
WAS SAGST DU DAZU, BARRY?
WOLFE... ER HAT RECHT, KRISTEN.
WAS...?

DAS IST NUN EINMAL UNSER JUSTIZSYSTEM.
WIR REDEN VON SCHWEREN STRAFTATEN. IN IRON HEIGHTS SITZEN NUR DIE ÜBELSTEN TYPEN.
CAPTAIN COLD UND ALL DIE ANDEREN HABEN VIELEN MENSCHEN SCHADEN ZUGEFÜGT. WAS SIE IN DER STADT ZERSTÖRT HABEN, HAT MENSCHEN RUINIERT.
UND AUGUST... ER HAT MENSCHEN GETÖTET.
JAHRELANG GING'S HIER REIN UND RAUS WIE IM ARKHAM ASYLUM. SIE LANDEN IMMER WIEDER HIER. NICHT NUR, WEIL MAN SIE SCHNAPPT, SONDERN WEIL SIE NICHT AUFHÖREN.
DIE VERDIENEN KEINE ZWEITE CHANCE.
BARRY, DAS-- IST DAS DEIN ERNST?
KRISTEN, ICH--
ICH HAB MICH WOHL GETÄUSCHT, MR. ALLEN.
VIELLEICHT GEHÖREN SIE DOCH NACH IRON HEIGHTS.

Vorort von Central City
"ALS ICH DIE FIRMA DER FAMILIE ÜBERNEHMEN SOLLTE, SAGTE MAN MIR, ES WÜRDE KEINE PROBLEME GEBEN.
"MONATELANG SAH ES AUCH SO AUS. WIR HABEN JEDE KONFRONTATION MIT FLASH VERMIEDEN."
JETZT MUSSTE ICH MIR SPEZIELLE HILFE HOLEN. NICHT, UM UNS VOR FLASH ZU SCHÜTZEN... SONDERN WEIL UNS EIN ANDERER BOSS VOM MARKT VERDRÄNGEN WILL.
COPPERHEAD, DARUM GING'S DIESMAL NICHT!
ALS ICH FLASH UND DEN JUNGEN GESEHEN HABE, MUSSTE ICH ABHAUEN! ICH HATTE KEINE WAHL.
AH, ABER ALS SHRAPNEL DIE ROAD REAPERS UMGEBRACHT HAT, WEIL SIE NICHT ZAHLEN WOLLTEN, HAST DU UNS DOCH BLACK SPIDER EMPFOHLEN, UM MIT DEM NEUEN BOSS FERTIGZUWERDEN.
ABER BLACK SPIDERS NETZ HAT NUR FLASH ANGEZOGEN...
ICH HAB DEN LEISEN VERDACHT, DASS DU MIT UNSEREM FEIND GEMEINSAME SACHE MACHST.
DA LIEGST DU FALSCH! WENN ICH WÜSSTE, WER DIESER NEUE BOSS IST, WÜRD ICH'S DIR SAGEN!
BITTE... GLAUB MIR... ICH WILL NICHT STERBEN.
BITTE NICHT MICH...
... SONDERN MEINE KINDER.

AGGHHHH!
BEVOR ICH NACH CENTRAL CITY GEKOMMEN BIN, WAR ICH AUFTRAGS-KILLERIN.
DEN ZIELPERSONEN HAB ICH DEN SCHMERZ EINES BISSES ERSPART UND IHNEN EINE EIGENKREATION TÖDLICHER SCHLANGENGIFTE INJIZIERT.
DER TOD KAM SO LANGSAM, DASS ICH NIE DRAUF GE-WARTET HAB.
TJA, JETZT HAT JEMAND DIE ORDNUNG IN CENTRAL CITY VERGIFTET.
DOCH EGAL, WEN WIR FOLTERN, KEINER LIEFERT UNS EINEN NAMEN.
AHHHH!
ABER ICH KRIEG IHN RAUS... UND WENN ICH IHN VERGIFTE...

"... WERD ICH ES GENIESSEN."
ALLES MEINE SCHULD.
ICH HAB UNS DAS EINGEBROCKT, KRISTEN, ABER WIR KÖNNEN--
FEIER-ABEND, BARRY.
GUTE NACHT.
SCHON DAS ZWEITE MAL HEUTE, DASS ICH ABGEWIESEN WERDE.
ABER WENIGSTENS KANN ICH MICH MIT WALLY TREFFEN...
-SEUFZ-
HEY, WALLY... DU HAST ZWAR GESAGT, ANRUFEN IS WAS FÜR ALTE LEUTE. ICH SOLL 'NE SMS SCHICKEN...
... ABER ICH WOLLTE UNSER GESPRÄCH VON HEUTE MORGEN FORTSETZEN--
WHOOOOSSHHH
WWAAAAASSS ZZUUUUMMM...
... HENKER, WALLY?! DU KÖNNTEST--
FALSCH GERATEN.

MEENA?!
HEY, BARRY.
FORTSETZUNG FOLGT

INJUSTICE™ 2
Die Vorgeschichte zum Game!
NEUE SERIE!
DC INJUSTICE 2
Der Comic zum Video-Game *Injustice 2* bringt bombastische Superhelden-Schlachten, dramatische Action und überraschende Wendungen: Der stählerne Diktator **Superman** ist besiegt, doch eine neue Macht greift nach der Weltherrschaft. Dafür bringt sie die Killertruppe **Suicide Squad** unter ihre Kontrolle, angeführt von einem neuen, schießwütigen und eiskalt mordenden **Batman**!
™ and © DC Comics and WBIE.
INJUSTICE 2 - BAND 1
132 Seiten - Softcover - € 15,99
Ab **19. Juni** erhältlich!
DC
Erhältlich am Bahnhofskiosk, im Comic-Shop, Buchhandel oder unter www.paninicomics.de
Panini Comics
FINDET UNS IM NETZ:
PaniniComicsDE

DC Neue Comics im Mai

FLASH 6

Aufgrund der **Negativ Speed Force** ist **Flash** so schnell und mächtig wie nie zuvor. Doch **Barry Allen** hat keine Kontrolle über seine neuen Fähigkeiten und wird zu einer Gefahr für **Central City**! Ausgerechnet jetzt dürstet ein neuer Schurke im wahrsten Sinne des Wortes nach **Blut**, während auch im **Police Department** und im Gefängnis **Iron Heights** Ärger droht…

Ab 2. Mai

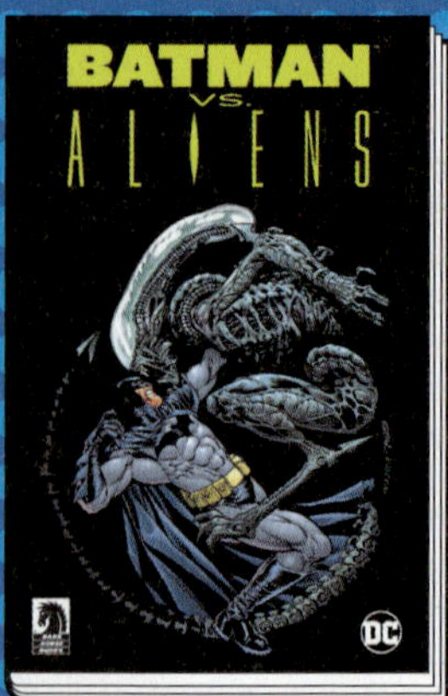

BATMAN VS. ALIENS

Egal, ob im **Amazonas-Regenwald** oder in Gothams **Arkham Asylum**: Wenn **Batman** und die tödlichen **Aliens** zusammenprallen, geht es brutal zur Sache! Und als es der **Dunkle Ritter** auch noch in **Peru** mit den Aliens *und* den **Predators** zu tun bekommt, hat er **Superman** und **Lois Lane** als Verstärkung. Von Horror-Legende **Bernie Wrightson**.

Ab 8. Mai

SUPERMAN SONDERBAND 5

Neue Abenteuer mit **Superman**, **Superboy** Jon Kent und **Lois Lane**: Auf einem **Road Trip** durch Amerika versucht die **Kent-Familie**, in der Geschichte der USA neue Inspiration zu finden. Doch dann kommen **Sinestro** und **Parallax** - und die Fronten in der Schlacht um die Macht der Furcht!

Ab 15. Mai

Vorläufiges Cover

DC UND DIE LOONEY TUNES

Die **DC-Helden** treffen die Trickfilm-Ikonen der **Looney Tunes! Batman** erlebt ein Noir-Abenteuer mit **Elmer Fudd. Lobo** jagt den **Road Runner. Wonder Woman** braucht die Hilfe des **Tasmanischen Teufels.** Der **Martian Manhunter** begegnet dem Marsianer **Marvin. Bugs Bunny** reist in die Zukunft der **Legion der Superhelden.** Und **Jonah Hex** tut sich mit **Yosemite Sam** zusammen…

Ab 15. Mai

CHECKLISTE

2. MAI

BATMAN 14
52 S. - Heft - € 4,99

SUICIDE SQUAD 12
52 S. - Heft - € 4,99

JUSTICE LEAGUE 14
52 S. - Heft - € 4,99

FLASH 6
116 S. - Softcover - € 13,99

AQUAMAN 5
188 S. - Softcover - € 18,99

8. MAI

STAR TREK/GREEN LANTERN: FREMDE WELTEN
148 S. - Softcover - € 16,99

BATMAN VS. ALIENS
364 S. - Softcover - € 32,-

JUSTICE LEAGUE VS. SUICIDE SQUAD PAPERBACK
308 S. - Softcover - € 26,-

15. MAI

DC UND DIE LOONEY TUNES
252 S. - Softcover - € 26,-

BATMAN METAL 1 (VON 5)
68 S. - Heft - € 5,99

SUPERMAN 14
52 S. - Heft - € 4,99

BATMAN – DETECTIVE COMICS 14
52 S. - Heft - € 4,99

SUPERMAN SONDERBAND 5
116 S. - Softcover - € 13,99

HAL JORDAN UND DAS GREEN LANTERN CORPS 6
132 S. - Softcover - € 15,99

22. MAI

BATMAN DELUXE: ARKHAM ASYLUM
164 S. - Hardcover - € 29,99

FINDET UNS IM NETZ:

PaniniComicsDE

Erhältlich am Bahnhofskiosk, im Comic-Shop oder unter www.paninicomics.de

TM & © 2018 DC Comics. All Rights Reserved.

Panini Comics

DC UNIVERSE
REBIRTH
32
$2.99
US
The FLASH
WILLIAMSON
DUCE
PLASCENCIA

BLITZLICHT

von Christian Endres

SCHURKENKUNDE

Mit den Bösewichten in diesem Band bedient **Joshua Williamson** mal wieder voll und ganz den **Rebirth**-Gedanken, bei dem es um die bestmöglichen Geschichten zwischen Tradition und Innovation geht. Während **Bloodwork** eine Neuschöpfung von Williamson und **Neil Googe** ist, stammen andere Gegenspieler des **Roten Blitzes** noch aus der Zeit vor dem neuen DC-Universum. **Shrapnel** wurde 1988 von **Erik Larsen** in einer Story mit der schrägen **Doom Patrol** eingeführt. Die erste Version eines PS-starken Teams mit Namen **Road Reapers** debütierte indes bereits 1985. Autor **Michael Fleisher** und Zeichner **Mark Texeira** stellten die ursprünglichen Road Reapers in einem postapokalyptischen Alternativwelt-Szenario um den eigentlich im Wilden Westen aktiven Kopfgeldjäger **Jonah Hex** vor. Dessen Soloserie war damals zu einem Ende gekommen und wurde in HEX als Science-Fiction-Interpretation neu gestartet.

HINTER GITTERN

Das Gefängnis **Iron Heights** ist ein wichtiger Bestandteil von **Flashs** Abenteuern – so, wie die Strafanstalt **Belle Reve** für die **Suicide Squad**, oder das **Arkham Asylum** und das Gefängnis **Blackgate** für **Batman**. Während Arkham bereits seit 1974 in den Comics vorkommt, Belle Reve seit 1987 und Blackgate immerhin seit 1991, öffnete Iron Heights erst 2001 seine gut verschließbaren Pforten. DCs Bestseller-Autor und kreativer Motor **Geoff Johns**, der jahrelang Flashs Abenteuer prägte, eröffnete Iron Heights zusammen mit Zeichner **Ethan Van Sciver**.

FINSTERE BATMEN

Seit Anfang des Jahres hält das von Autor **Scott Snyder** orchestrierte Crossover **Batman Metal** die Welt von Batman und seinen Heldenkollegen in Atem. Zur Event-Hauptserie gesellen sich inzwischen auch einige Crossover-Sonderbände. Im Sommer steht so etwa BATMAN METAL SONDERBAND 2 an. Dieser Sonderband enthält eine Storyline, die sich aus mehreren Event-Kapiteln verschiedener laufender Serien zusammensetzt. Darunter auch US-FLASH 33 von Williamson und Zeichner **Howard Porter**, das also nicht im nächsten FLASH-Band enthalten sein wird! Dazu kommen zwei **Justice League**-Kapitel von u. a. **Liam Sharp** und **Tyler Kirkham** sowie ein **Green Lantern Corps**-Kapitel von **Robert Venditti** und Van Sciver. Wenn ihr also sehen wollt, wie der Superraser, **Superman** und Co. gegen die dämonischen Versionen des Dunklen Ritters aus einer anderen Realität kämpfen, solltet ihr in **Batman Metal** und explizit diesen Sonderband reinschauen.

SIEBENMEILENSTIEFEL

Zurzeit ist Flash wirklich mit Siebenmeilenstiefeln im neuen DC-Universum unterwegs. In den monatlichen Heften der JUSTICE LEAGUE-Serie gehört er ja ohnehin zum Stammpersonal – aktuell hat **Francis Manapul**, der FLASH im neuen DCU lange als Autor und Zeichner in Szene setzte, in TRINITY 2 zudem eine Story um **Wonder Woman**, **Batman** und **Superman** realisiert, die im JL-Hauptquartier im All spielt, wo sich das Dreigestirn mit dem Speedster gegen einen gefährlichen Widersacher verbündet. Darüber hinaus haben wir soeben einen Komplett-Sammelband des actiongeladenen Crossovers **Justice League vs. Suicide Squad** veröffentlicht. Joshua Williamson, **Tony S. Daniel**, **Jason Fabok** und andere Künstler hetzen Flash und Co. auf **Harley Quinn** und ihre mörderische Truppe, und plötzlich mischt noch eine dritte Partei mit, zu der u. a. der klassische **Lobo** gehört…

Schickt eure E-Mails an dc@paninicomics.de

FINDET UNS IM NETZ:

PANINI COMICS

www.paninicomics.de

PaniniComicsDE

VORSCHAU

FLASH 7

Barry ging davon aus, dass seine Flamme **Meena** von **Godspeed** umgebracht wurde. Jetzt ist sie zurück, und Flashs Leben wird noch finsterer! Doch auch ein Mord in **Iron Heights** sorgt für Probleme – und für die Enthüllung von **Central Citys** neuem Gangsterboss!

AB 14. AUGUST!